Thomas Brezina

Pssst! Unser Geheimnis

Immer diese Eltern!

Band 8

Thomas Brezina

Pssst! Unser Geheimnis
Band 8

IMMER DIESE ELTERN!

Mit Illustrationen von Rolf Bunse

Ravensburger Buchverlag

Bibliografische Information der Deutschen Nationalbibliothek:

Die Deutsche Nationalbibliothek verzeichnet diese Publikation
in der Deutschen Nationalbibliografie.
Detaillierte bibliografische Daten sind im Internet
über **http://dnb.d-nb.de** abrufbar.

1 2 3 10 09 08

Umschlagillustration: Annabelle von Sperber
Innenillustrationen: Rolf Bunse

Printed in Germany

ISBN 978-3-473-47430-1

www.ravensburger.de
www.thomasbrezina.com

HAALLLOOOOOO!

Persönliche Daten

Name: Vanessa Reininghaus
Größe: 158 cm
Augenfarbe: braun
Besondere Kennzeichen:
Haare – sehr kurz

Freundinnen

„nur 2"-zählen wie 2000

Bix: absolut romantisch, lieb, hat immer Verständnis, sollte mehr Sport machen!

Krissi: absolut gut drauf – immer (fast immer – wenn nicht, sind wir für sie da)

Freizeitaktivitäten

Sport – Karate
Chem. Experimente
Meine Freundinnen

Zuständigkeiten

Schule
Schwestern:
Wanda Reininghaus
Susanna Reininghaus
Sonntags – spülen
Ordnung halten (ächz)

Leidenschaften

5 Sittiche
Reisen
Karate
Chem. Experimente
Flippige Mode

Vanessa

Halli, hallo – ich bin Bix Taler.

Ich habe einen UNmöglichen kleinen Bruder und eine etwas seltsame – aber liebe – Mutter.

ich →

← Mama

↑ der Unaussprechliche

Was ich nicht mag: Streit; Spinat; rechthaberische, dumme, alberne, aufdringliche Jungs; zu enge Tops und kaputte Strümpfe.

Was ich mag: Mama; Ben (Mamas Freund); ein bisschen auch Felix, meinen Bruder; Dick + Doof, meine Kaninchen; Spaghetti – davon viel! Rotkohl; Lasagne; Schokopudding; Eis …

Was ich besonders mag: meine allerbesten Freundinnen

Krissi + Vanessa

Ulknudel, mitfühlend, meistens zuverlässig

Supersportlich, superzuverlässig, beneidenswert schlank

CIAO!

Heydiho,

Promifoto →

Krissi Kiska:

intelligent, schön, prominent, humorvoll

Hobbys: 8erbahn fahren ohne Ende,
Abenteuer und Spaß haben

und

Freund(e)innen →

Bix
supertoller Kumpel,
könnte aber auch als
Butterblume auf einer
Almwiese stehen.

Vanessa
die Karatetigertodeskralle,
supertoller Kumpel.

HO-HO

PS: 2 Katzen (Donald + Daisy), 1 Hund (Amadeus),
1 Mutter (Mam), 1 Vater (Paps), 2 Brüder (?+?)
ach ja: Caesar + Antonius

Hallo ihr kleinen Biester,

mein Name ist Alexa und ich bin die absolut wunderschönste Kröte der Welt. Und wenn ich sage Kröte, meine ich auch Kröte!

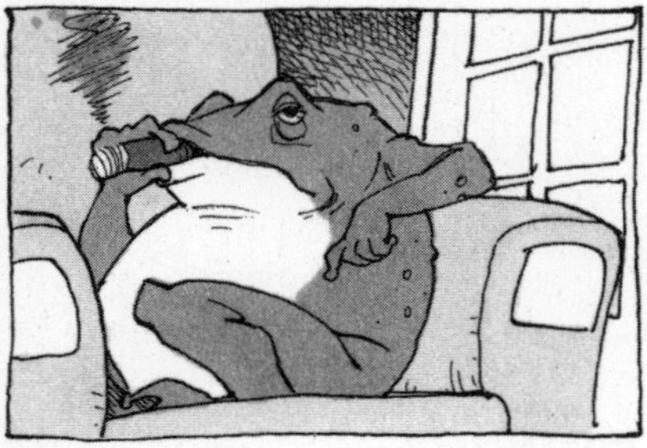

Beweisfoto

Was ich großartig finde:

- dicke Zigarren
- Kartoffelchips, je fettiger, je lieber (rülps)
- diese dämlichen Gören Fetti, Deppi und Fretti herumzukommandieren

Na, erraten, wen ich damit meine?!

Was mich wild macht:

- wenn die 3 Mädels nicht tun, was ich ihnen sage (dann setzt es Pickel!)
- wenn man meine wahre Schönheit nicht erkennt

In Wirklichkeit bin ich ja das zauberhafteste, elfenhafteste Mädchen der ganzen Welt.

Eine Krötenprinzessin sozusagen.
Aber das ist eine lange Geschichte ...

Willkommen im Tal des Kummers!

Es reicht – und wenn ich sage, es reicht, dann meine ich auch, dass es reicht.

Hier ein paar schlagende Gründe: 

1. Ich bin definitiv kein neuer Einstein, sondern die absolute Mathe-Null.
2. Meine Mutter hat mich zu einer lebenslangen Haftstrafe verurteilt. 
3. Ein Monster ist unterwegs. 
4. Meine Eltern sind einfach GEMEIN!

Aber vielleicht kann man ja gegen Nummer 4 etwas tun.

Ganz klar, meine Eltern brauchen

NACHHILFE!!!

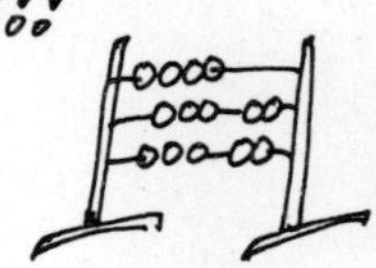

Eure kummervolle, aber noch nicht ganz rettungslos verlorene

Vanessa

Geheimbotschaften

Vorn im Buch ist ein blauer Umschlag, der neun brandheiße Geheimbotschaften von Krissi, Bix und Vanessa enthält. Du kannst die Botschaften entschlüsseln, indem du das *me* hinter jedem Vokal und hinter jedem Umlaut streichst – also hinter ***a, e, i, o, u*** und hinter ***ä, ö, ü***. Am besten, du nimmst einen Bleistift zur Hand und streichst damit jedes *me* hinter einem Vokal und einem Umlaut durch.

Hierzu ein kurzes Beispiel:

Pa~~me~~ni~~me~~k ho~~me~~ch ze~~me~~hn!

Du kannst auch selbst solche Botschaften an deine Freundinnen und Freunde verfassen. Für jeden, der nicht weiß, wie die Texte entschlüsselt werden, klingen eure Geheimbotschaften wie Kauderwelsch.

Kannst du nun diese Botschaft entschlüsseln?

Krimessime, Bimex umend Vamenemessame simend dimeeme amellemerbemestemen Fremeumendimennemen.

Viel Spaß beim Knobeln und Verschlüsseln!

Zum Aus-der-Haut-Fahren!

Tag, ich bin's, Vanessa!

Und ich könnte aus der Haut fahren! Ich könnte platzen! Ich könnte jeden Teller einzeln aus dem Geschirrschrank nehmen und auf den Boden werfen!

Nein, ich habe keinen Knall. Ich bin auch nicht verrückt oder total ausgeflippt. Ich bin schlicht und einfach wütend. Sauer. Stinksauer!

Waaaaaaa! Am liebsten würde ich schreien!

Normalerweise bin ich allerdings ganz anders. Mein Spitzname in der Schule lautet „Grübel", weil ich oft wenig rede und viel nachdenke. Aber wenn mich etwas aufregt, dann … dann … Na ja, ich habe bereits geschildert, was ich dann am liebsten täte.

Der Grund für meine Stinkwut fängt mit M an und hört mit einem R auf. Manchmal fängt er auch mit M an und hört mit einem M auf. In gewissen Fällen steht aber auch ein M am Anfang und ein A am Ende.

Habe ich euch verwirrt? Sorry, das wollte ich nicht. Liegt wirklich nur an meiner Wut.

Ich wette, meine beiden besten Freundinnen, Krissi und Bix, haben es viel besser als ich. Die kennen diese Schwierigkeiten nicht. Bei denen ist das ganz anders. Ich muss sie dringend danach fragen.

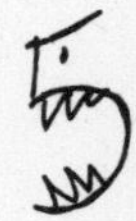

Vielleicht sollte ich ihnen gleich eine Geheimbotschaft schicken? Das tun wir nämlich oft und gern. Wir denken uns ständig neue Geheimschriften aus und haben zwischen unseren Zimmern Schläuche und Fäden gespannt, über die wir die Zettel transportieren. Zum Glück stehen die drei Häuser, in denen wir wohnen, in derselben Straße und ganz nahe beisammen.

Meine Botschaft an Krissi lautet:

Geheimbotschaft Nr. 1, vorn im Umschlag

Ist doch gut, dass wir solche Botschaften verschlüsseln. Stellt euch vor, der Zettel gerät in falsche Hände! Das gäbe ganz schön Ärger.

Ich drücke das Papier zu einem Ball zusammen und stecke ihn in den Schlauch, der von meinem Zimmerfenster zu einem Flurfenster in Krissis Haus führt, das gleich auf dem Nachbargrundstück steht. Mithilfe eines starken Blasebalgs puste ich die Nachrichten immer zu ihr.

Danach rüttle ich am Schlauch, damit das Ende gegen die Scheibe klopft. Krissi weiß dann, dass Post von mir gekommen ist.

Jetzt muss ich aber mal erklären, wieso ich so wütend bin.

Angefangen hat es mit einer Fünf in Mathe.

Tut mir leid, ich bin kein neuer Einstein. Und irgendwie interessiert es mich auch wenig auszurechnen, wie lange zehn Köche brauchen würden, um hundert Torten zu backen, wenn ein Koch vierundzwanzig Stunden dafür benötigt.

Bitte, was tut man mit hundert Torten?

Ich mag keine Torten. Ich mag überhaupt saure Sachen lieber als Süßigkeiten. Und Kochen ist auch nicht gerade mein Hobby. Ganz

im Gegenteil: Eine Meisterschaft im Anbrennenlassen gewinne ich sofort.

Ich habe also bei diesem Mathetest eine Fünf bekommen. Es war keine Klassenarbeit, sondern ein klitzekleiner Test. Unser Matheleh-

100 Torten! So ein Quatsch!

rer, Herr Müller, liebt solche Tests. Er schreibt jede Woche mindestens einen.

Daheim informierte ich Mam nach dem Mittagessen, dass Herr Müller mit meinen Ergebnissen nicht einverstanden gewesen war.

„Aber weißt du, hätte er andere Aufgaben gestellt, dann hätten meine Zahlen gestimmt!“, sagte ich, um einen Witz zu machen.

Mam sah mich entsetzt an. Sie hatte diese tiefe Falte zwischen den Augen, die sie immer bekommt, wenn sie sich Sorgen macht. Irgendwie wirkte sie, als hätte ich gerade erzählt, dass ich ab morgen lila Streifen im Gesicht haben würde.

Sie wollte den Test sehen. Ich gab ihr das Blatt mit meinen Lösungen.

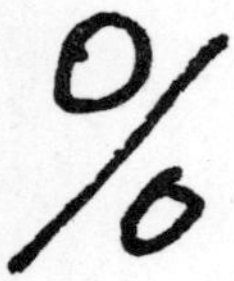

„Die Rechenaufgaben waren diesmal aber auch sauschwer!“, fügte ich schnell hinzu.

Kopfschüttelnd betrachtete Mam das Meer an roten Strichen.

„Was habe ich nur falsch gemacht?“, murmelte sie.

Äh? Wie sollte ich das verstehen?

„Du hast überhaupt nichts falsch gemacht. Ich bin doch die Mathe-Niete“, versuchte ich sie aufzuheitern.

Mit einem tiefen Seufzer gab sie mir den Zettel zurück. „Vanessa, natürlich kann ich nicht so einfach über diese Note hinwegsehen“, sagte sie.

„Ach, beim nächsten Mal klappt es bestimmt besser.“

Also ehrlich, ich mache keine Luftsprünge

wegen einer Fünf, aber es ist doch auch nicht der Weltuntergang!

„Es ist alles sehr ernst und bestimmt wird es mir wieder vorgeworfen“, sagte Mam auf einmal mit einer ganz seltsamen Stimme. Sie

Die Leidgeprüfte

sah aus, als müsste sie die Tränen zurückhalten. Das Papiertaschentuch, das sie gerade herausgeholt hatte, drückte sie mit der linken Hand fest zusammen. Als ob es etwas für meine Note könnte …

Und dann kam das, was mich auf die Palme brachte.

Unsere Eltern sind unmöglich

Eines meiner Hobbys ist Kampfsport. Ich bin echt gut und gehe zweimal die Woche zum Training. Ich besitze bereits den blauen Gürtel und in drei Wochen trete ich zur nächsten Prüfung an. Bestimmt schaffe ich sie und dann bin ich dem nächsten Gürtel wieder einen Schritt näher.

„Das Karatetraining ist bis auf Weiteres gestrichen!“, verkündete Mam. Sie klang dabei wie eine Richterin, die dem Angeklagten eine lebenslängliche Haftstrafe verkündet.

„Was??? Nur wegen dieser dämlichen Fünf?“, brauste ich auf.

Mam ballte jetzt beide Fäuste und zog heftig die Luft ein.

„Über diese Frechheit wirst du noch eine Weile nachdenken müssen! Ich erwarte von dir schriftlich einen Bericht über das Thema: Wie ich mit meinen Eltern zu reden habe. Und jetzt geh auf dein Zimmer!“

Ich war platt. Total von den Socken. Ich konnte es nicht fassen. Das war doch nicht ihr Ernst!

Ohne ein weiteres Wort zu verlieren, drehte Mam sich um und räumte das Geschirr aus der Spülmaschine. Ich hörte nur noch, wie sie murmelte: „Was habe ich nur wieder falsch gemacht?“

„Mam!“

Sie drehte mir weiterhin den Rücken zu. „Vanessa, bitte geh auf dein Zimmer!“

Nachdem ich dreimal wütend geschnauft hatte wie ein Nilpferd, das gerade aus dem Wasser aufgetaucht ist, ging ich. Und wie!

Das mit der Küchentür wollte ich wirklich nicht. Sie rutschte mir einfach aus der Hand und knallte voll zu. So laut, dass die Fenster der Diele klirrten.

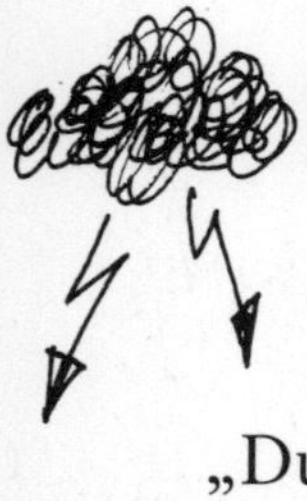

Höchstens zwei Sekunden später riss Mam die Küchentür von innen auf und stürzte wie eine Rachegöttin heraus.

„Du ... du ...!“, stammelte sie vor Zorn und schwang den erhobenen Zeigefinger wie einen Stock durch die Luft. „Du wirst heute noch eine

Eine fürchterliche Rachegöttin

ganz besondere Strafe für dein schlechtes Benehmen bekommen. Verlass dich drauf. Ich ... werde mir etwas einfallen lassen."

Ganz ehrlich, ich glaube, in diesem Augenblick hätte mir Mam am liebsten eine geklebt. Aber so etwas würde sie nie tun. Lieber lässt sie sich fesseln und an den Küchentisch binden.

Überhaupt bekommen wir nie eine geklebt. Weder ich noch meine Schwestern Wanda und Susanna. Manchmal wäre es mir fast lieber, denn Mam macht immer so ein Theater, wenn wir etwas ausgefressen haben.

So wie jetzt. Sie wird sich auf jeden Fall etwas einfallen lassen!

Was denn noch? Ich kann meine Karateprüfung nicht machen, und das ist das Schlimmste überhaupt. Will sie vielleicht mein Zimmer mit Seiten aus dem Mathebuch tapezieren lassen? Oder bekomme ich Bettzeug mit Matheformeln? Oder darf ich ab heute im Fernsehen nur noch Sendungen ansehen, in denen es um Mathe geht?

Damit ich nicht irgendetwas sagte, was alles noch schlimmer gemacht hätte, presste ich meine Lippen zusammen und ging nach oben in mein Zimmer. Und dort begann die Wut in mir so richtig zu kochen. Ich fühlte mich wie ein Druckkochtopf, kurz bevor er explodiert.

Krissi schickte mir eine Antwort auf meine Geheimbotschaft. Sie lautete:

Geheimbotschaft Nr. 2, vorn im Umschlag

Was sollte das denn heißen? Ich verstand kein Wort. Krissis Eltern sind eigentlich sehr in Ordnung. Vor allem ihre Mam, die ist nicht wie eine Mutter, sondern mehr wie eine große Schwester. Manchmal ziehen sie und Krissi sich sogar genau gleich an.

Von Krissis Zimmer ist eine Schnur über die Straße zum Haus von Bix gespannt. Das Haus ist nicht groß und erinnert ein bisschen an einen Turm. Bix wohnt ganz oben, und wenn Krissi und sie einander eine Nachricht schicken wollen, wickeln sie Draht um die gefalteten Zettel und biegen einen Haken. Sie müssen den Faden dann nur in die Höhe halten, schon rutscht das Ganze zum anderen Fenster. Dort ist eine Glocke befestigt, die klingelt, wenn eine Geheimbotschaft eintrifft.

Krissi hatte meine Nachricht an Bix weitergeleitet, denn auch von ihr kam ein Brief, natürlich über die Leitung von Krissi.

Geheimbotschaft Nr. 3, vorn im Umschlag

Das verstand ich auch nicht. Frau Taler fand ich eigentlich immer sehr nett. Ein bisschen pummelig, ein bisschen schusselig und ein bisschen chaotisch, aber nett. (Bix hat keinen Paps mehr. Er ist bei einem Motorradunfall ums Leben gekommen. Aber sie hat einen Fast-Paps, Herrn Till, der sich in ihre Mutter verknallt hat.)

Wir mussten auf jeden Fall dringend miteinander reden. So konnte das doch nicht weitergehen. Unsere Eltern mussten – endlich fiel mir das richtige Wort ein – ERZOGEN werden.

Genau! Das war's!

Warum sollen eigentlich immer nur wir erzogen werden? Nur weil Erwachsene ein paar Jahre älter und ein paar Zentimeter größer sind, haben sie die Weisheit doch nicht mit dem Löffel gefressen.

Nein!

Wir mussten ihnen beibringen, dass wir keine kleinen Hunde sind, mit denen man schimpft, wenn sie auf den Teppich pinkeln.

Eine Fünf in einem Mathetest ist nicht wie der Untergang der Titanic. Eine Fünf ist höchstens wie ein kleines Loch in einem Schlauchboot, das mit einem Heftpflaster geflickt werden kann.

Jawohl! Das mussten unsere Eltern dringend lernen. Nachhilfe war angesagt!

Ich war von meiner Idee restlos begeistert.

Jetzt musste ich sie nur noch den anderen erzählen, doch das würde schwierig werden.

Während ich wieder einmal vor mich hin grübelte, klopfte der Geheimbotschaften-Schlauch an mein Fenster. Ich sah Krissi im Nachbarhaus. Mit den Fingern deutete sie SIEBEN und zeigte auf mich. Danach richtete sie den Finger auf sich und streckte drei Finger in die Höhe.

Ich wusste, was das zu bedeuten hatte.

Wir mussten auf Geheimwegen zum Rathaus und dort wahrscheinlich einen neuen Auftrag übernehmen. Denn wir drei haben das absolut krasseste Geheimnis, das man sich nur vorstellen kann.

Notruf aus dem Keller

Es klingt alles total verrückt, aber es ist wahr. Ich schwöre es!

Im Keller des Rathauses gibt es eine uralte Wand, in der eine lila Tür auftaucht, wenn wir drei dorthin kommen.

Die Wand besteht aus riesigen graugelben Steinblöcken, und wenn irgendjemand daran vorbeigeht, geschieht überhaupt nichts. Wenn aber wir davorstehen – plopp –, dann ist plötzlich eine Tür da.

Eine dunkellila Tür, die sich ohne Geräusch von allein öffnet.

Hinter dieser Tür befindet sich ein Raum, in dem meine Mam wahrscheinlich sofort einen

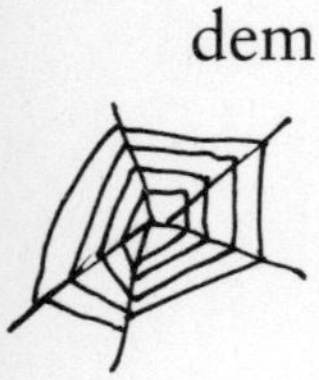

Putzanfall bekäme. Überall liegt fingerdick der Staub. An der Decke hausen ganze Spinnenfamilien mit Onkeln, Tanten und

Neffen und Nichten. Und aufgeräumt wurde hier wohl überhaupt noch nie.

Bewohnt wird das Gewölbe nicht von einem Menschen, sondern von einer Kröte namens Alexa. Ihre besonderen Kennzeichen sind: Nickelbrille, pafft gerne Zigarren, futtert zentnerweise Kartoffelchips und ist frech wie Oskar.

Um an diesem Mathe-Trauertag – es war übrigens ein Mittwoch – aus dem Haus zu kommen, musste mir schon etwas besonders Gutes einfallen. Aber meinen Spitznamen Grübel trage ich nicht zu Unrecht. Mir fiel sofort etwas ein.

Mit hängendem Kopf trat ich vor Mam.

„Ich … ich würde gerne Mathe lernen“, sagte ich leise, als hätte mir Mam das verboten.

„Dann tu es“, antwortete sie ziemlich kühl.

„Ich verstehe so vieles aber nicht. Deshalb würde ich gerne zu Klara gehen, die kann es mir bestimmt erklären.“

Klara ist die Klassenbeste. Nicht gerade eine Streberin, aber trotzdem auch nicht wirklich meine Freundin. Sie hat nur Einsen und Mam stellte sie mir manchmal als Vorbild hin.

„Wie lange wirst du bei ihr bleiben?“, wollte Mam wissen.

Mathe, bitte gebt mir Mathe!

„Anderthalb Stunden. Darf ich?"

„Gut! Aber wirklich nur anderthalb Stunden und wirklich nur zum Mathematiklernen."

Was sonst sollte ich bei Klara tun? Ich glaube, ihr Hobby ist das Schreiben von Aufsätzen und ihre Lieblingsbeschäftigung sind anscheinend Hausaufgaben.

Ich gebe zu, ich habe geschwindelt. Aber es musste sein, sonst hätte ich nicht zu Alexa gehen können, und die alte Kröte kann dann sehr ungemütlich werden.

Wir haben sie vor gar nicht allzu langer Zeit durch Zufall kennengelernt, als wir im Keller des Rathauses die Toiletten suchten. Alexa hat eine besondere Aufgabe in der Stadt, bei der wir ihr helfen müssen.

Bei uns ist nämlich nicht alles so, wie es auf den ersten Blick aussieht. Von wegen stinknormal – denkste! Unter der Stadt gibt es irgendwelche Kristalle oder so, die Strahlen aussenden und geheimnisvolle Gestalten anziehen.

Zum Beispiel ist unsere Zahnärztin eine echte Hexe. Sie hat aber weder einen Buckel noch Warzen auf der Nase, sondern sieht echt gut aus. Der Bäcker ist ein Alien, und es gibt sogar ein haariges Monster, das allerdings tagsüber einen Anzug trägt, der es als völlig normalen Menschen erscheinen lässt.

Ja, alle Ungeheuer und Außerirdischen sehen völlig harmlos aus. Die meisten sind es auch, nur ab und zu benimmt sich eines der Monster daneben. Dann müssen wir in Alexas Auftrag eingreifen. Falls wir das nicht tun, so hat sie uns schon oft gedroht, werden wir mindestens hundert Pickel bekommen und alle unsere Haare werden uns ausfallen.

So wurden wir also Monster-Wächterinnen

und, ganz ehrlich, wir finden das sogar richtig cool.

Damit niemand Verdacht schöpft, wenn wir zum Rathaus laufen, nehmen wir immer verschiedene Wege. Wir haben sie auf einer Karte eingezeichnet und nummeriert.

Fast gleichzeitig trafen wir im Keller ein. Die Tür erschien in der Mauer und wir stolperten in das Gewölbe.

„Dieser Kristall, den mir Alexa geschenkt hat, hat plötzlich wie ein gelbes Alarmlicht geleuchtet“, berichtete Krissi keuchend.

„Nicht geschenkt, du kleiner Gierhals. Nur geborgt!“, kam es von einem wurmstichigen, gepolsterten Holzstuhl, der an einen Königsthron erinnerte. Dort hockte Alexa und klopfte vorwurfsvoll mit der warzigen Pfote auf eine silberne Taschenuhr.

„Das hat ganz schön lange gedauert, meine Damen. Habt ihr noch eine Runde geschlafen, oder was?“

„Wir können nicht fliegen!“, knurrte Krissi.

„Dann solltet ihr es aber schleunigst lernen, ihr armen Würmchen!“, gab Alexa zurück. „Wir haben es mit einem Alarm der höchsten Gefahrenstufe zu tun.“

Dieses Bild sollte es eigentlich nicht geben (gemein)

Sie hörte sich an wie der Kommandant eines Raumschiffes im Fernsehen.

„Was gibt's denn?", wollten wir wissen.

„Wenn ich das wüsste, bräuchte ich euch nicht!", quakte Alexa. Sie war an diesem Mittwoch richtig ekelhaft.

Geduldig fragte Krissi: „Warum hast du uns gerufen? Es wird doch einen Grund geben."

Alexa deutete auf eine Holzkiste mit mehreren Löchern, aus denen Lichtstrahlen kamen.

„Schaut da rein, dann wisst ihr alles."

Wir verteilten uns links und rechts und beugten uns langsam vor. Ich hatte gleich so ein komisches Gefühl im Bauch.

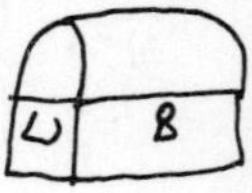

ES

In der Kiste lag auf einem dunklen Samtkissen eine Kristallkugel, wie sie Wahrsagerinnen verwenden. Das Leuchten kam aus der Kugel, obwohl keine Lampe eingebaut schien. In dem blassen Licht, das an den Vollmond erinnerte, bewegte sich eine schwarze Gestalt.

Es war weder ein Mensch noch ein Tier noch ein Monster. Es war mehr ein Nebel mit einem Kopf, flügelartigen Armen und zwei Zipfeln, die Beine sein konnten. Das Schrecklichste daran

aber waren die Augen. Sie glühten blutrot. Manchmal war das Glühen stärker, dann wieder schwächer.

Das Wesen schien im Inneren der Kugel zu tanzen. Es bewegte sich auf und ab und ließ die Arme mit den dünnen schwarzen Schleiern flattern. Als wir länger in die Kiste starrten, presste

Die unheimliche Kiste

sich das Wesen von innen gegen die Oberfläche der Kristallkugel, riss sein Maul so weit auf, dass es sich selbst hätte verschlingen können, und präsentierte zwei Reihen nadeldünner, spitzer Zähne.

Erschrocken wichen wir zurück.

„Was ist das?“, fragte Krissi. Normalerweise ist sie die Mutigste von uns. Sie hat eigentlich selten richtig Angst. Nicht einmal bei einer Fahrt mit der Doppellooping-Bahn auf dem Rummelplatz. Da hatte sie nur gelacht.

„Ich weiß nur eins“, begann Alexa, „ES ist böse. Sehr, sehr böse, dunkel und gefährlich. Was ihr in der Kiste seht, ist ES nicht wirklich. Die Kugel hat mir nur angezeigt, dass ES wieder frei ist. ES kann jede Gestalt angenommen haben und überall sein.“

Hörte sich alles nicht gerade sehr lustig an!

„Und was wird ES tun?“ Ich sah Alexa besorgt an. Ich glaube, ich hatte zwischen den Augen die gleiche dicke Falte wie Mam.

Die Kröte schüttelte ihren fetten Kopf. „Vielleicht gar nichts. Vielleicht hängt ES jetzt nur irgendwo herum und verpestet die Luft. Vielleicht aber löst ES sich im Wasser auf, das alle trinken. So kann ES Besitz von vielen Menschen ergreifen, die ab dann die Diener des Bösen sind. Die ganze Stadt ist in diesem Fall … verloren!“ Das letzte Wort hauchte Alexa so, dass wir eine Gänsehaut bekamen.

Bix stellte die Frage, die sich keine von uns sonst zu stellen traute: „Sollen wir … dieses ES … finden?“

„Was sonst?“, brummte Alexa und

ließ sich lässig in die Ecke ihres Thrones sinken. „Wolltet ihr vielleicht Verstecken mit ihm spielen? ES findet euch überall, allerdings ist es praktisch unmöglich, ES zu finden.“

Großartige Aussichten!

„Was können wir jetzt tun?“, fragten wir gleichzeitig.

„Nehmt die Kugel mit und beobachtet sie gut. Wenn ES wächst und das gesamte Innere

Die Hüterin der Ringe

der Kristallkugel ausfüllt, so ist ES ganz nahe. Ich habe irgendwo drei Ringe, mit denen ihr Blitze schleudern könnt. Wenn ihr das alle drei gleichzeitig tut, wird ES immer schwächer, bis ES schließlich in einem roten Blitz verglüht."

„Wann kriegen wir die Ringe?", erkundigte ich mich vorsichtig.

„Wenn ich sie gefunden habe!", brauste Alexa auf. Sie war ganz schön genervt. Anscheinend war dieses ES daran schuld.

„Los, denkt euch was aus!", trug sie uns auf und scheuchte uns aus dem Gewölbe. „Ihr müsst ES finden, und zwar schnellstens! Sonst könnt ihr euch darauf gefasst machen, schon demnächst als schwarze Spinnen durch die Welt zu krabbeln."

„Schwarze Spinnen?" Wir trauten unseren Ohren nicht. „Das ist nicht dein Ernst!"

Alexa schüttelte den Kopf. „Ich habe mich geirrt. Als schwarze GIFTIGE Spinnen."

Das Schlimmste an dieser Ankündigung war: Wir glaubten ihr jedes Wort. Sie versuchte nicht, uns Angst einzujagen. In unserer Stadt war alles möglich.

Bix und Krissi entschieden, dass ich die Kiste mit der Kristallkugel nehmen sollte. „Du bist

die Ruhigste und die Ordentlichste, bei dir ist die Kugel am sichersten."

Auf diese Komplimente hätte ich verzichten können. Das schwarze Wesen in der Kugel war mir unheimlich und irgendwie hatte ich das Gefühl, es könnte jederzeit herauskommen. Schluck!

Wir verließen das Rathaus nacheinander und nahmen jede einen anderen Weg. Allerdings gingen wir nicht sofort nach Hause, sondern verabredeten uns im Waldbad. Es war erst April und das Waldbad hatte noch geschlossen. Deshalb war es ein prima Treffpunkt für eine geheime Besprechung.

Ich musste unbedingt mit Krissi und Bix meine Idee der Eltern-Nachhilfe besprechen. Vor allem wollte ich aber auch wissen, welche Sorgen sie mit ihren eigenen Müttern und Vätern hatten. Aus den Geheimbotschaften war ich nicht richtig schlau geworden.

Nachhilfe für Eltern

Im Waldbad setzten wir uns auf die Bank vor der Eisbude. Dort wo wir im Sommer auf der Wiese lagen, spazierten jetzt ein paar Krähen herum, denen einige Spatzen Gesellschaft leisteten.

„Wieso ist dein Vater mit Dagobert Duck verwandt?“, fragte ich Krissi.

„Ach“, seufzte sie, „seit ein paar Wochen kann man nichts mehr von ihm haben. Früher war es ganz einfach: Wenn ich irgendwo einen neuen Pulli gesehen hatte und Mam ihn mir nicht kaufen wollte, dann musste ich nur am Abend Paps ein wenig unter dem Kinn kraulen, wenn er Zeitung las. Ich schwärmte ihm von dem Pulli vor und schließlich zückte er seinen Geldbeutel. Aber das funktioniert nicht mehr.“

Krissis Paps ist lustig. Er arbeitet in einem Büro. Was er dort genau tut, weiß ich allerdings

Eisbude mit Vögeln
(sind gerade weg)

nicht. Wenn er seinen Anzug und einen Schlips trägt, ist er sehr ernst. Aber in Jeans und Pulli benimmt er sich völlig anders. Er albert dann mit uns herum, hört uns wirklich zu, wenn wir ihm etwas erzählen, und es gibt sogar Mädchen aus den höheren Klassen, die ihn „echt cool" finden.

Bix sagt meistens nichts, wenn es um Väter geht. Ich glaube, es tut ihr immer noch weh, dass ihr eigener Vater nicht mehr lebt.

„Neuerdings verdreht Paps sogar die Augen,

wenn Antonius und Caesar ihr Taschengeld haben wollen. Er tut, als würden sie ihn ausrauben. Genau wie Onkel Dagobert, wenn Donald sich einen Kreuzer borgen will.“

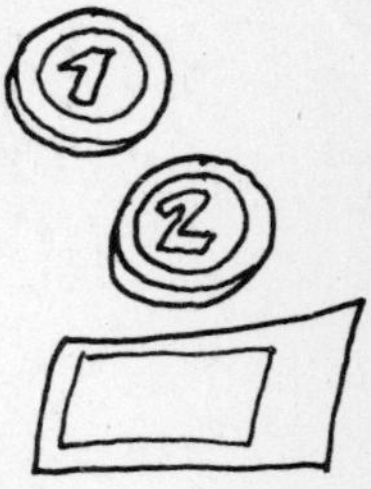

Krissi geriet richtig in Schwung.

„Aber das Schlimmste kommt noch: Mam und Paps sitzen oft im Wohnzimmer und reden miteinander. Aber kaum tauche ich auf, sind sie ruhig und grinsen freundlich. Sie behandeln mich wie ein Baby. Mich regt das echt auf.“

Das konnte ich verstehen.

Bix machte eine wegwerfende Handbewegung: „Alles nichts gegen meine Mama. Wisst ihr, was sie gestern getan hat?“

Hörte sich sehr schrecklich an.

„Sie hat sich einen schweinchenrosa Trainingsanzug gekauft, in dem sie wie eine Wurst auf Beinen aussieht!“ Bix schlug die Hände vor das Gesicht. „Ätzend, total ätzend, findet ihr nicht auch?“

Ja, das fanden wir auch.

„Und jetzt will sie sich auch noch die Haare färben lassen. Ihre Naturhaarfarbe ist mittelbraun, aber sie möchte sie rot haben!“

„Knallrot?“, fragte Krissi entsetzt.

Beinchenwurst

„Ne, aber karottenrot! Peinlich!“

Endlich hatte ich Gelegenheit, meine Idee anzubringen.

„Was haltet ihr von Nachhilfestunden für unsere Eltern?“, wollte ich wissen und erklärte Krissi und Bix alles.

Die Antwort meiner besten Freundinnen warf mich beinahe um.

„Nichts!“, sagten sie.

Nichts!

Sie hielten meine echt brillante Idee also für schlecht!

Krissi kicherte künstlich. „Mam und Paps würden höchstens einen Lachkrampf kriegen, mich in die Wange kneifen und es ‚süß‘ finden.“

„Ich glaube, meine Mama würde sich so einen Vortrag nicht anhören. Sie kann so stur sein!“, ärgerte sich Bix.

Na ja, vielleicht hatten die beiden Recht. Mam und Paps würden die Nachhilfe bestimmt auch nicht ernst nehmen.

Seufz! Meine schöne Idee war ein Flop.

„Und was tun wir dann?“, fragte ich meine beiden besten Freundinnen.

„Wir können gar nichts machen“, sagte Bix und seufzte. „So sind Mütter eben.“

„Und Väter!“, fügte Krissi hinzu. Sie deutete auf die Holzkiste, die ich auf meinen Knien hielt. „Außerdem haben wir jetzt Wichtigeres zu tun.“

„Aber wie sollen wir dieses ES finden? Wir

Einer unserer Seufz-Tage

können doch nicht mit der Kiste in der Hand durch die halbe Stadt rennen und ständig durch die Löcher blinzeln, ob das Ding in der Kugel größer wird“, gab ich zu bedenken.

Diesmal seufzten wir alle drei.

Irgendwie war das heute nicht unser fröhlicher Glückstag.

Eher ein Seufz-Tag!

Als ich einen Blick auf meine Uhr warf, erschrak ich. „Ich muss nach Hause! Und zwar schnellstens!“ Unter keinen Umständen wollte ich noch mehr Ärger mit Mam bekommen. Sie konnte ziemlich sauer werden.

Auf dem Weg zu unserem Haus meldete sich mein schlechtes Gewissen. Ich schwindle wirklich nicht gern. Irgendwie habe ich dann so ein Gefühl, als könnte jeder sehen, was ich gerade getan habe. Als ich noch ganz klein war, glaubte ich, meine Nase würde beim Lügen ganz lang werden, wie bei Pinocchio.

Durch die offene Wohnzimmertür sah ich Mam auf dem Sofa sitzen. Irgendwie war ich sehr überrascht. Normalerweise sitzt sie tagsüber nie dort. Sie ist immer in Bewegung, hat immer etwas zu tun, und Susanna nennt sie deshalb heimlich auch „Frau von Unruh“.

Mam knetete ihr Taschentuch in den Händen und starrte zum Fenster hinaus in den Garten, wo die ersten Frühlingsblumen blühten.

„Hallo!“, sagte ich leise. Im nächsten Augenblick bereute ich es schon. Mam musterte mich und fragte: „Hast du bei Klara viel dazulernen können?“

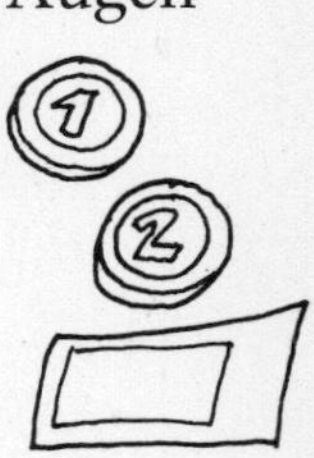

Krissis großer Kummer

Seufz. Und schon war die nächste Lüge fällig.

„Äh … ja, ja“, murmelte ich und wollte weiter. Aber dann ging ich ins Wohnzimmer und sagte: „Es tut mir leid!“

Jetzt war mir leichter. Ich hatte mich für die Schwindelei entschuldigt, auch wenn Mam das nicht wusste. Sie aber dachte, dass es um etwas ganz anderes ging.

„Es ist wirklich sehr unreif, eine Tür zuzuknallen“, sagte sie ernst.

„Sie ist mir aus der Hand gerutscht, ehrlich!“, versicherte ich.

„Wirst du durchkommen?“, wollte Mam besorgt wissen.

Langsam verstand ich die Welt nicht mehr. Mam, ich stehe in Mathe auf einer Drei!!!“

„Ach so? Aha!“ Obwohl Mam normalerweise jede unserer Schulnoten speichert wie ein Computer, schien sie irgendwie verwirrt zu sein.

Noch einmal nahm ich allen Mut zusammen. Ich spürte, es war ein guter Moment, und deshalb fragte ich: „Bitte, darf ich doch zum Kampfsporttraining? Ich will doch zur Prüfung antreten."

„Du stehst auf einer Drei", wiederholte Mam nachdenklich. „Wenn du mir versprichst, die Fünf von heute auszugleichen, dann darfst du."

„Danke!" Ich drückte ihr einen Kuss auf die Wange, obwohl ich das sonst selten mache. Mam ist keine Knuddel-Mam, sie ist manchmal wie aus Porzellan: Sie sieht toll aus, aber ich trau mich fast nicht, sie zu berühren, als könnte sie kaputtgehen (was sie natürlich nicht tut).

„Schon gut, schon gut!" Sie tätschelte meine Hand und starrte weiter in den Garten.

Der Tag war gerettet. Die Kiste mit der Kristallkugel hatte ich im Flur abgestellt. Ich holte sie schnell und lief damit nach oben in mein Zimmer.

An diesem Abend kam Paps erst sehr spät nach Hause. Meine beiden Schwestern Wanda

Kindergartenfoto

(ein kleines Monster) und Susanna (ein großes Monster) und ich waren schon auf dem Weg in unsere Zimmer.

„Willst du noch etwas essen?“, fragte Mam. Ihre Stimme hätte einen Eimer Wasser bestimmt sofort zu einem Eisblock gefrieren lassen.

„Nein, ich war bereits essen“, sagte Paps, löste seinen Schlips und schlüpfte aus den Schuhen. Im Wohnzimmer ließ er sich in seinen Lieblingssessel fallen und legte die Füße auf den niedrigen Glastisch.

„Muss das sein?“ Mams Nasenflügel zitterten und das war ein schlechtes Zeichen. Als sie Wanda, Susanna und mich in der Tür stehen sah, scheuchte sie uns auf der Stelle nach oben. „Höchste Zeit, ins Bett zu gehen!“

Susanna deutete mit dem Kinn auf Wanda und mich. „Für den Kindergarten vielleicht, für mich aber wirklich noch nicht!“

„Ich bin kein Kindergarten!“, protestierte Wanda.

„Stimmt, du bist eine Krabbelstube“, gab Susanna zurück.

Mir passte es auch nicht, genau wie meine kleine Schwester behandelt zu werden. Aber an diesem Tag wollte ich lieber keine langen Diskussionen beginnen. Ich war froh, dass mein Trainingsverbot wieder aufgehoben war.

Krissi schickte mir einen Brief.

Geheimbotschaft Nr. 4, vorn im Umschlag

So ein Schock! Ich entschlüsselte diese Nachricht dreimal, aber sie blieb immer gleich.

Das konnte doch nicht sein. Doch nicht Krissis Eltern! Herr und Frau Kiska waren so nett.

Mir fiel wieder ein, was Krissi von ihrem Vater erzählt hatte. Er war in letzter Zeit so sparsam wie Dagobert Duck. Das könnte wirklich ein Zeichen dafür sein, dass er sich scheiden lassen wollte. Scheidungen kosten sehr viel Geld, oft betrifft das die Väter – das hatte uns Mam vor einiger Zeit einmal beim Essen erzählt. Ich verstehe das irgendwie gar nicht, wieso eigentlich?

Ich schickte Krissi einen Antwortbrief, weil ich wissen wollte, wie sie herausgefunden hatte, was bei ihren Eltern los war. Aber sie holte ihn nicht ab, obwohl ich mit dem Schlauch ständig an das Flurfenster hämmerte.

An diesem Abend konnte ich lange nicht einschlafen. In meinem Kopf rasten die Gedanken herum. Vor allem war da noch immer das schlechte Gewissen.

„Vergiss es", sagte ich streng zu mir selbst, „Mam wird niemals erfahren, wo du wirklich warst. Ab morgen büffelst du besonders viel in Mathe und dann ist alles in Ordnung."

Von unten kamen die Stimmen meiner Eltern. Paps redete ziemlich heftig, ich verstand aber nicht, was er sagte.

Dann hörte ich Mam sagen: „Nicht so laut, unsere Großen sind noch wach."

Die Wohnzimmertür wurde geschlossen. Was heißt geschlossen? Sie wurde zugeknallt!

Nun waren die Stimmen leiser. Mam und Paps hatten eine hitzige Auseinandersetzung, das bekam ich mit. Worum es ging aber nicht. Nur einmal hörte ich Mam schreien: „Gib es doch zu! Gib es endlich zu und hör auf zu lügen! Du weißt, dass ich nichts mehr hasse als Lügen."

Um besser verstehen zu können, hatte ich

Ach, süßer Schlaf

meine Zimmertür aufgemacht. Jetzt schloss ich sie aber schnell wieder und schlüpfte unter die Decke. Mein Herz hämmerte und ich hörte das Blut in meinen Ohren pochen. Es interessierte mich nicht mehr, worüber meine Eltern so in Wut geraten waren. Ich hatte andere Sorgen.

Erst total spät schlief ich endlich ein.

Was würde der Donnerstag bringen? Wie gut, dass ich nicht hellsehen kann. Sonst hätte ich in dieser Nacht bestimmt keine Minute geschlafen.

Doppelschock am Morgen

Am Donnerstagmorgen war ich total fertig. Ich bekam die Augen kaum auf. Mam musste mich dreimal wach rütteln, weil ich immer wieder eingeschlafen war.

Krissi und Bix warteten bereits ungeduldig auf der Straße. Wir gehen lieber zu Fuß zur Schule, weil wir dann miteinander reden können. Im Bus sind immer so viele andere Ohren, die mithören wollen.

Krissi hatte rote Augen. „Gestern Abend, da haben sich Mam und Paps ins Wohnzimmer eingeschlossen", berichtete sie und schluckte immer wieder. Ich hatte sie noch nie so aufgeregt gesehen. „Und als ich lauschen wollte, haben sie mich erwischt und waren sauer. Sie haben mich auf mein Zimmer geschickt, aber ich bin trotzdem noch einmal zur Wohnzimmertür geschlichen."

Die arme Krissi

Bix holte ein zerknittertes Taschentuch heraus und reichte es Krissi, die zu weinen begonnen hatte.

„Und da habe ich gehört, wie Paps gesagt hat: Wir ... wir werden uns trennen müssen!"

Bix und ich sahen uns erschrocken an.

„Und das alles machen sie unter sich aus und mich schicken sie hinaus!" Krissi heulte.

Wir legten ihr beruhigend die Hände auf die Schultern.

„Das ist so gemein!", regte sich Krissi auf. „Als wäre ich nichts. Als wäre ich ein Staubsauger, der dann halt bei Mam bleibt. Mit mir reden sie gar nicht!"

„Haben sie denn mit deinen großen Brüdern gesprochen?“, wollte Bix wissen.

„Die sind beide zurzeit auf Klassenfahrt. Die wissen noch gar nichts! Im Fernsehen habe ich einmal gesehen, wie sich Kinder zur Adoption freigegeben haben. Sie haben sich einfach neue Eltern gesucht!“, stieß Krissi wütend aus. „Das werde ich auch machen!“

„Von meinen rate ich dir ab!“, warnte ich sie.

„Meine Mama ist nett, aber peinlich!“, sagte Bix und seufzte.

Krissi warf die Arme in die Luft. „Ihr wollt meine besten Freundinnen sein? Ihr macht alles nur noch schlimmer!“

Es war besser, nichts mehr zu sagen. Das wussten wir aus Erfahrung und deshalb hielten wir den Mund. Krissi ist, wenn sie wütend wird, ungefähr so gefährlich und bissig wie eine Klapperschlange, der jemand kräftig auf die Rassel getreten ist.

Vor der Schule hielt ein dunkelbraunes Auto und Klara und ihre Mutter stiegen aus.

Klara ist wirklich ganz okay. Nicht gerade meine Freundin, aber auch kein Ekel. Irgendwie zu brav und zu sehr der Liebling aller Lehrer.

Klaras Mutter erkannte mich und winkte herüber. „Guten Morgen, Vanessa!“, rief sie mir zu. Sie ist, glaube ich, in allen Clubs und Vereinen, die es in der Stadt gibt, und auch in der Schule macht sie sich ständig wichtig. „Ich komme morgen Nachmittag zu deiner Mutter, da sie sich einverstanden erklärt hat, mir bei der

Die sooo begabte Klara mit ihrer sooo wichtigen Mutter

Vorbereitung des großen Schulfestes zu helfen. Wir müssen sooo viel besprechen."

Bei Klaras Mutter ist immer alles sooo groß und sooo wichtig und sooo dringend.

Und mir wurde in diesem Augenblick sooo schlecht!

Wenn Klaras Mutter zu uns kam, würde meine Mam sich bestimmt bedanken, weil doch das liebe Fräulein Tochter der Mathe-Dumpfbacke Vanessa auf die Sprünge geholfen hat. Und dann würde Klaras Mutter ihre dicken Augenbrauen bis zum Haaransatz hochziehen und fragen: „Wann soll das gewesen sein?" Klaras Mutter steht ihrer Tochter nämlich Tag und Nacht zur Seite, weil sie selbst einmal Lehrerin war.

So ein Schock!

Bevor ich noch irgendetwas sagen konnte, war Klaras Mutter schon in der Schule verschwunden.

Bestimmt hatte sie eine sooo wichtige Besprechung mit der Direktorin.

Krissi war mit ihren eigenen Problemen beschäftigt und Bix fiel ein, dass sie noch nicht die ganze Englisch-Hausaufgabe hatte. Keiner bemerkte, dass ich gerade ein ziemliches Problem bekommen hatte.

Aber damit nicht genug! In der Eingangshalle der Schule traf ich auf Herrn Müller, unseren Mathelehrer. Wir nennen ihn den Schmatzer, weil er beim Reden ständig schmatzt.

„Vanessa“, rief er und winkte mich zu sich.

Mir blieb nichts anderes übrig, als zu ihm hinüberzugehen.

„Ja, Herr Müller?“

„Vanessa, schmatz – schmatz, ich mache mir Sorgen um dich“, sagte er und fingerte an seiner dicken Brille herum. „Schmatz – schmatz – schmatz …, deine Leistungen in letzter Zeit lassen zu wünschen übrig. Die Drei wirst du wohl nicht halten können. Wenn du so weitermachst, könnte eine Vier daraus werden. Ich muss mit deiner Mutter sprechen. Sie soll bitte morgen zu mir kommen.“

Ich starrte ihn an, als hätte er mir mit der Faust voll in den Bauch geboxt. Mir blieb die Luft weg.

„Ich erwarte deine Mutter dann morgen in der dritten Stunde, da ist meine Sprechstunde!“ Nachdem er noch ein paar Mal bekräftigend geschmatzt hatte, drehte er sich um und ging ins Klassenzimmer voran.

Das Kampfsporttraining konnte ich jetzt ganz vergessen.

Und meine Prüfung auch.

Wir hatten gleich in der ersten Stunde Mathe, und weil ich die ganze Zeit nur meinem neuen Karategürtel nachtrauerte, konnte ich gleich dreimal eine Frage nicht beantworten, die der Schmatzer mir gestellt hatte.

„Ich muss … schmatz – schmatz … wirklich dringend mit deiner Mutter reden!“, murmelte er vor sich hin, wäh-

rend er in sein rotes Buch neben meinem Namen ein dickes Minus eintrug.

Mir musste dringend etwas einfallen. Aber ganz dringend! Nur was?

Das Buch des Grauens!

Große Gefahr

„Wir müssen dieses ES suchen!", erinnerte uns Bix auf dem Heimweg.

Krissi brütete finster vor sich hin und murmelte nur: „Jaja, wird schon nicht so dringend sein."

Auch ich dachte an ganz andere Dinge.

Bix schüttelte vorwurfsvoll den Kopf. „Alexa wird wütend, wenn wir ihr nicht spätestens morgen berichten, was wir schon herausgefunden haben!"

Da hatte sie Recht. Die alte Kröte konnte in so einem Fall sehr ungemütlich werden.

„Na gut ... am Nachmittag ... treffen wir uns", brummte Krissi.

Nach dem Mittagessen half ich Mam dabei, die Geschirrspülmaschine einzuräumen, obwohl diesmal eigentlich Susanna an der Reihe gewesen wäre. Ich kämpfte fürchterlich mit mir. Ich musste ihr doch sagen, dass der Schmatzer sie sprechen wollte. Kam sie morgen nicht in die Sprechstunde, würde er sie anrufen oder – noch schlimmer – einen Brief in einem blauen Umschlag schicken und sie VORLADEN! Der Schmatzer schreckte vor nichts zurück.

„Danke, Vanessa“, sagte Mam und wischte sich mit dem Handrücken über die Nase. Dabei zog sie lautstark auf.

Das hatte sie überhaupt noch nie getan. Und wenn WIR das tun, dann müssen wir sofort aufstehen, uns ein Taschentuch holen und die Hände waschen. Gerade als ich den Mund aufmachte, um ihr das mit Schmatzer zu sagen, klingelte das Telefon.

„Gehst du bitte dran?“, bat mich Mam.

Wie gut, dass sie das tat. Es war nämlich Klaras Mutter dran.

„Hallo, Vanessa, könnte ich bitte deine Mutter sprechen?“

„Nein!“, sagte ich. Das heißt, ich wollte das nicht sagen, es ist mir einfach rausgerutscht.

„Wieso nicht?“ Klaras Mutter klang verstört.

„Weil … weil sie … nicht da ist.“

„Ach so, wie dumm. Ich muss gleich weg. Also sehe ich sie doch erst morgen. Wir können auch dann alles besprechen.“

„Wer war es?“, wollte Mam wissen, nachdem ich aufgelegt hatte.

„Äh … eine Freundin von Wanda!“ Zum Glück war mir eingefallen, dass mein kleines Schwestermonster vorhin von einer Freundin zum Spielen abgeholt worden war.

Mam gab sich mit der Antwort zufrieden.

Und ich wurde so kribbelig und zappelig wie

selten zuvor. Ich hatte schon wieder gelogen. Es wurde immer schlimmer. Und morgen kam Kla-

ras Mutter bestimmt und flötete: „Ich hätte Sie sooo dringend sprechen müssen, aber Sie waren gestern ja leider nicht da, Frau Reininghaus."

Als ich in mein Zimmer kam, wartete im Geheimbrief-Schlauch eine neue Nachricht für mich.

Geheimbotschaft Nr. 5, vorn im Umschlag

Das bedeutete, die Suche nach ES blieb an mir hängen. An mir allein. Das gefiel mir gar nicht.

Ich brauchte für die Hausaufgaben extralang, weil ich ständig Löcher in die Luft glotzte und mir ausmalte, wie schrecklich die nächsten Tage werden würden.

Um vier Uhr hatte ich Kampfsporttraining, und da es bestimmt das letzte für lange Zeit sein würde, wollte ich unbedingt hin. Ich nahm die Schachtel mit der Kristallkugel mit. Unterwegs warf ich immer wieder einen Blick darauf. Das schwarze Wesen schwebte noch immer im Glas, als wäre es Wasser. Größer wurde es aber nicht.

Das Training dauerte diesmal nicht so lange wie sonst, weil unser Trainer zum Zahnarzt musste. Mir blieb also noch Zeit, mit der Kristallkugel weiter durch die Stadt zu laufen.

Ohne Erfolg!

Als ich schon wieder nach Hause wollte, tauchte auf einmal Alexas Kopf in der Kugel auf. „Zu mir!“, lautete ihr Befehl.

Sobald ich das geheime Gewölbe unter dem Rathaus betrat, trommelte Alexa ungeduldig mit den Saugnäpfen ihrer Schwimmfinger auf die Platte eines schiefen Holztischchens. Aus einer Schale nahm sie laufend schwarze Knusperpops, die sie mit lautem Knirschen zerbiss.

„Setz dich, greif zu!“, sagte sie, ohne mich zu begrüßen.

Ich tat beides und lutschte an den salzigen Körnern, die mich irgendwie an Sägespäne erinnerten.

„Was ist das?“, erkundigte ich mich.

„Geröstete Fliegen!“, lautete die Antwort.

Ich musste heftig spucken.

„Kein Grund, mir hier alles vollzukotzen!“, schimpfte Alexa. Sie hatte gerade ausgesprochen schlechte Laune. „Und überhaupt, wo sind deine nutzlosen Freundinnen? Lackieren sich wohl die Zehennägel, statt der größten Gefahr, die dieser Stadt jemals drohte, auf die Spur zu kommen!“

„Nein, es ist ganz anders. Ich … habe gesucht, aber nichts gefunden. Alexa, es ist wie die Suche nach der Stecknadel im Heuhaufen.“

„Na und? Auch die kann man finden. Doch wenn man es ungeschickt macht, sticht man

sich daran. Und wenn ihr ES nicht bald findet, wird ES vielleicht euch finden und dann …“ Sie erzeugte grässliche grunzende Laute, steckte sich die Pfoten ins Maul und verzerrte ihr Krötengesicht zu der scheußlichsten Fratze, die ich jemals gesehen habe.

Albtraum!

„Wir … wir haben alle drei große Sorgen wegen unserer Eltern“, versuchte ich Alexa zu erklären. Zu meiner Überraschung hörte sie mir sogar zu.

Als ich fertig war, meinte sie: „Das mit deiner Mutter ist kein Problem.“ Sie sprang zu einer Kommode und riss eine Schublade nach der anderen auf. Schließlich holte sie aus einer ein braunes, zugebundenes Ledersäckchen heraus und warf es mir zu.

Geheimaufnahme

„Das Pulver streust du zur Hälfte über deine Mutter, die andere Hälfte über dich selbst, dann ist alles geregelt."

Ich drückte das Säckchen zwischen den Fingern. Es knirschte, als wäre Kristallzucker drin.

„Und sucht, sucht, sucht! Alle meine Warnanzeichen stehen auf Katastrophe! Wenn ihr wieder einmal versagt, könnte es nicht nur das

Ende dieser Stadt, sondern auch das Ende von euch allen bedeuten."

„Aber wir haben noch nie versagt", sagte ich beleidigt.

Alexa nahm diesen Einwand nicht zur Kenntnis. „Es geht um alles!", sagte sie eindringlich.

Wieder hüpfte sie zur Kommode und holte diesmal, nach langem Suchen und Schubladenaufreißen und -zuwerfen, drei Ringe heraus. Ganz ehrlich, sie sahen aus wie aus dem Kau-

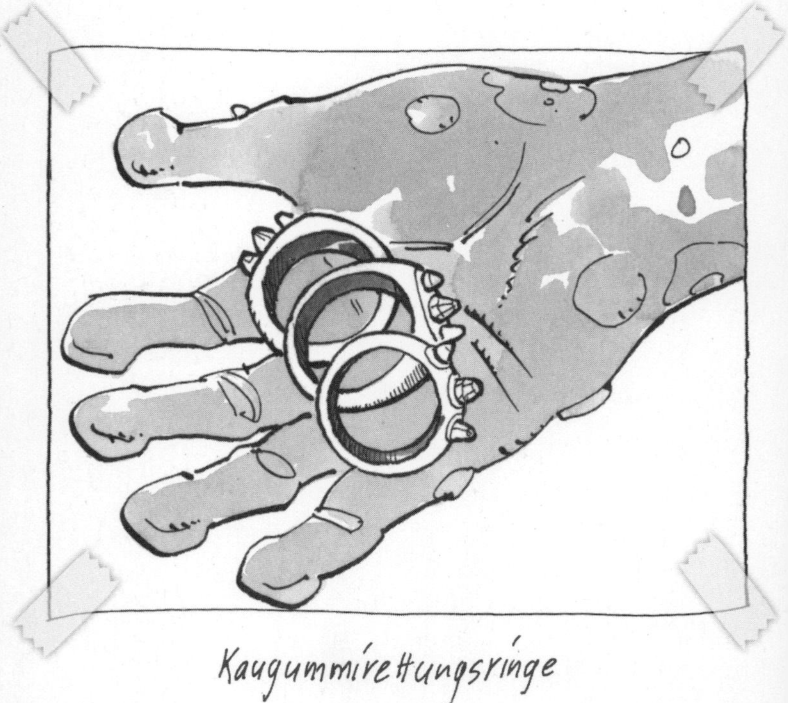

Kaugummirettungsringe

gummiautomaten. Ein bisschen goldglänzend mit je drei spitzen, bunten Steinen.

„Hier, die werdet ihr brauchen, sobald ihr ES gefunden habt. Richtet die Steine auf ES, und ballt mit aller Kraft die Faust, der Rest geschieht von allein. Geh jetzt zu deinen nutzlosen Freundinnen und beschimpf sie als faule Tomaten!“

Mit diesen Worten scheuchte mich Alexa aus dem Keller.

Sie hatte mir Angst gemacht. Ich musste an Herrn Kuhtreiber denken, der vor einiger Zeit Bix‘ Mutter verehrt hatte. In Wirklichkeit war er ein Schlangenvampir, der auch bei Tag und in der Sonne überleben konnte und Fürchterliches vorhatte. Es war damals einfach wie im Horrorfilm gewesen.

Mit dem Säckchen in der einen und dem Kästchen mit der Kristallkugel in der anderen Hand verließ ich das Rathaus.

Da kam mir eine Idee. Und die war brillant. Einfach genial. Der totale Hit. Davon war ich fest überzeugt.

Jedenfalls damals, in jenem Moment.

Ein glasklares Pulver

Bald darauf traf ich mich mit Krissi und Bix in Bix' Zimmer. Es war nicht ganz einfach gewesen, die beiden zu einer Krisensitzung zusammenzutrommeln.

„Meine Mama ist unmöglich. Sie hat sich einen Hosenanzug gekauft!", jammerte Bix. „Und das mit ihrer Figur. Ich hoffe, sie kommt damit nie in die Nähe der Schule!"

Krissi war so still, wie sonst eigentlich ich es bin. Die Sommersprossen in ihrem Gesicht sahen richtig dunkel aus, weil sie so käsig war.

Triumphierend hielt ich das Ledersäckchen in die Höhe und erklärte: „Hier drin steckt die Lösung für alle unsere Probleme!"

Natürlich wollten die beiden anderen wissen, was das für ein Zeug war. Leider hatte ich selbst gar keine Ahnung. Trotzdem war ich selbstverständlich bereit, alles mit meinen beiden besten Freundinnen zu teilen.

Bix schüttelte den Kopf. „Nein danke, denk an das Zeug, das mir Alexa zum Abnehmen gegeben hat. Ich bin davon jeden Tag noch fetter geworden.“

Krissi nahm mein Angebot an. Sie borgte sich die Dose, in der Bix sonst tagsüber ihre Zahnspange aufbewahrte, und ich schüttete sofort die Hälfte des Pulvers hinein.

Es war weder weiß noch schwarz, blau, grün, rot oder grau. Es hatte eigentlich gar keine richtige Farbe, sondern war … durchsichtig. Ja, das ist die beste Beschreibung. Ich sah es nur, wenn ich ein bisschen davon auf die Hand streute und sie zum Licht drehte. Dann glitzerte es.

„Machen wir es gleich hier?“, fragte mich Krissi.

„Nein, zu Hause. Wir streuen es über uns, sobald es uns gelungen ist, unsere Mütter zu bestreuen. Stell dir vor, wir schütten uns das Zeug jetzt über den Kopf und die Mütter gehen dann weg oder so. Wer weiß, was dann geschieht!“

Wir waren beide natürlich gespannt, ob das Pulver tatsächlich helfen würde. Krissi hatte erzählt, dass ihre Mutter wie hypnotisiert durch das Haus lief und sie nicht mit ihr reden konnte. Kaum wollte sie eine Frage stellen, war Frau Kiska schon im Badezimmer, im Keller oder im Abstellraum verschwunden.

Normalerweise hätte ich gedacht, dass es nicht ganz einfach wäre, meiner Mam das Zeug über den Kopf zu streuen. Nachdem ich heimgekommen war, ging ich nach oben, weil ich noch nicht alle Hausaufgaben fertig hatte. Auf einmal hörte ich Mam telefonieren. Sie benutzt meistens das tragbare Telefon, aber diesmal stand sie beim Apparat gleich unter der Treppe. Ich kann das am Klang und der Lautstärke ihrer Stimme sofort erkennen. (Eigentlich hätte ich das Zeug zur Geheimagentin!)

Das war meine große Chance. Ich schlich zur Brüstung, von der aus man in den Flur hinuntersehen kann. Genau unter mir saß Mam auf einem Hocker.

„Jaja, Mama, alles in Ordnung!"

Sie sprach mit Oma.

Ich öffnete das Säckchen und nahm eine kräftige Prise des Pulvers, verrieb es zwischen den Fingern und ließ es nach unten rieseln.

In geheimer Mission

Natürlich hätte ich daran denken müssen, dass meine Mam eine Art Spürhund für Staub ist. Sie bemerkte das Geriesel sofort und sah sich hektisch nach der Ursache um. Ich konnte gerade noch in Deckung gehen.

„Mutti, ich muss Schluss machen. Wir haben hier anscheinend … einen Holzwurm“, sagte sie, wobei sie das wohl selbst nicht glaubte. Schließlich waren keine Holzspäne hinuntergefallen.

In meinem Zimmer warf ich den Rest des Pulvers wie Konfetti über meinen Kopf und genoss es, als es auf mich niederregnete. Ich bildete mir ein, jedes einzelne Körnchen zu fühlen.

Beim Abendessen war ich wieder ganz locker und fröhlich. Meine Sorgen gab es nicht mehr, davon war ich jedenfalls völlig überzeugt. Alexas Zauber hatte alles geregelt.

„Wie steht's mit Mathematik?“, fragte mich Mam plötzlich.

Mir fiel fast der Löffel, mit dem ich meinen Milchreis schaufelte, aus der Hand.

„Alles in bester Ordnung“, beeilte ich mich zu sagen.

In diesem Augenblick kam Paps herein.

„Was ist mit Mathematik?“, erkundigte er sich.

Völlig unerwartet kam mir Mam zu Hilfe und sagte schnell: „Nichts. Vanessa hatte heute nur Mathematik in der Schule.“

„Wirklich? In der Schule?“ Paps tat, als wäre das eine Sensation. Es dauerte eine Weile, bis ich draufkam, dass er sich lustig machte. „Ich dachte, Mathe hat sie im Fernsehen.“

Wanda kicherte und Susanna verdrehte die Augen. Sie flüsterte mir bei jeder Gelegenheit zu: „Oldies sind ätzend.“

Laut traute sie sich das allerdings nicht zu sagen, und wenn sie wieder einmal Geld brauchte, dann würde sie bestimmt sogar einen Mam-und-Paps-Fanclub gründen.

Mams Frage wegen Mathe gefiel mir nicht. Nützte das Pulver doch nichts? Oder brauchte es noch eine Weile, um zu wirken?

Vor dem Schlafengehen kam Mam noch zu mir und wünschte mir eine gute Nacht.

„Ich bin froh, dass du eine Freundin wie Klara hast“, sagte sie und seufzte.

Schock!

Schon wieder Mathe

Das Pulver war nutzlos. Mir kamen sofort die schlimmsten Befürchtungen. Vielleicht hatte Alexa in ihrer Aufregung wegen des ES etwas verwechselt, und Mam und ich verwandelten uns demnächst in schleimige grüne Schlabbermonster. Alexa war alles zuzutrauen.

Obwohl ich zum Umfallen müde war, konnte ich schon wieder nicht einschlafen.

Nicht zu fassen!

Am nächsten Morgen fühlte ich mich beim Aufwachen ganz gut. Nur meine Füße waren eiskalt wie zwei Eisblöcke. Sie ragten unter der Decke hervor.

Von draußen kam Paps' Stimme. Er schien ziemlich ärgerlich zu sein.

„Raus da, du bist doch kein Baby mehr!", hörte ich ihn schimpfen.

Was das zu bedeuten hatte, wusste ich. Wanda hatte sich wieder einmal heimlich in der Nacht in das Bett unserer Eltern geschlichen. Das kleine Monster hat aber die Angewohnheit, sich dann quer zu legen, sodass außer ihr niemand mehr Platz hat.

Als ich aufstand, gab es einen lauten Ritsch. Mein großes Schlafshirt war aufgeplatzt. Na ja, es war auch schon ziemlich alt. Mam hatte nicht gerne, dass ich es noch trug.

Au Backe-Schock

Ich öffnete meine Zimmertür und wankte Richtung Badezimmer. Wir wohnen in einem wirklich schönen, großen Haus, das aber leider nur ein Badezimmer hat. Da wir fünf Leute sind, gibt das am Morgen immer Chaos. Susanna braucht Stunden, weil sie sich „herrichten“ muss. Kein Wunder, bei diesem Pizzagesicht!

Verschlafen rieb ich mir die Augen, die ganz verklebt waren.

Während ich gähnte wie ein Nilpferd, stieß ich mit jemandem zusammen, der kleiner war als ich. Also mit Wanda.

Ich öffnete den Mund, um übellaunig loszumeckern, doch der Ton blieb mir echt im Hals stecken.

Zuerst rieb ich mir noch einmal die Augen. Dann kniff ich sie zweimal ganz fest zu und riss sie wieder ganz weit auf. Und als sich noch immer nichts verändert hatte, raste ich wie der Blitz in mein Zimmer.

Ich habe fünf Vögel. Das heißt nicht, dass ich eine besonders krasse Art von Spinnerin bin. Es bedeutet, ich besitze fünf Wellensittiche. Der Einfachheit halber nenne ich sie Nummer Eins bis Nummer Fünf.

Als ich vor ihren Käfig taumelte, flatterten sie erschrocken auf.

„Aber … was ist denn? Ich bin es doch nur!“, krächzte ich heiser.

Das heißt, war ich überhaupt ich?

Ich riss eine Seite aus meinem Deutschheft und schrieb sofort eine Nachricht an Krissi.

Geheimbotschaft Nr. 6, vorn im Umschlag

So kräftig hatte ich den Blasebalg noch selten bewegt. Der Schlauch zu Krissi platzte fast. Als die Botschaft endlich drüben war, riss ich wie verrückt am Schlauch und klopfte gegen das Fenster in ihrem Haus.

Statt Krissi erschien aber ihre Mutter. Sie hielt einen Kugelschreiber in der Hand! Sie nahm den Zettel aus dem Schlauch und begann die Nachricht zu entziffern.

Aber wieso? Woher hatte sie den Code? Unsere Geheimschrift war doch todsicher! Seit wann konnte Frau Kiska sie entschlüsseln?

Mir wurde ganz schwummrig. Nichts war mehr sicher. Nicht einmal unser großes Geheimnis mit Alexa und dem geheimen Gewölbe im Keller. Aber wenn herauskam, was wir taten, würde es bestimmt nicht nur Ärger geben. Es könnte geschehen, dass die Ungeheuer, die sich in unserer Stadt verstecken, uns verfolgen würden. Schließlich waren wir da, um sie unter Kontrolle zu halten.

Horror!

Mir standen die Haare zu Berge. Ich fühlte mich genau wie die Figuren in Zeichentrickfilmen, die gerade in eine Steckdose gegriffen hatten.

Vor Schreck fuhr ich mir mit gespreizten Fingern durch die Haare.

Und schon erlebte ich den nächsten Schock. Meine Haare sind doch kurz. Aber über Nacht waren sie gewachsen!

„He, wieso gibt's noch kein Frühstück? Ich muss heute früher los!", rief Susanna unten. „Mam, schnell. Ich habe es eilig, ich darf nicht zu spät kommen."

Moment, ich musste aus meinem Zimmer hi-

Ein Bild vom Horror

naus und die zweite Vanessa, der ich vorhin begegnet war, hierherbringen. Mam durfte sie unter keinen Umständen sehen. Das würde Fragen bis zum Sankt-Nimmerleins-Tag geben.

Ich hatte es gewusst. Ich hätte es mir denken können. Alexa, diese verrückte Kröte, hatte mir ein Verdoppelungspulver gegeben. Jetzt gab es mich zweimal, aber wozu brauchte ich einen Doppelgänger? Damit ich zweimal so viel Ärger bekam?

Oder halt, vielleicht war das ganz praktisch! Vanessa zwei macht Matheaufgaben, während Vanessa eins – also ich – zum Kampfsporttraining geht.

He, vielleicht war das gar nicht so schlecht.

Diesmal klopfte das Schlauchende bei mir. Ich hatte eine Antwort bekommen.

Am anderen Fenster stand noch immer Krissis Mutter. Ich fand das wirklich total mies, dass sie nun unsere Tricks benutzte. Außerdem verstand ich nicht, wieso sie mir eine Geheimbotschaft schickte. Sollte das ein Witz sein?

Ich entzifferte die Botschaft und stieß einen Schrei aus.

Geheimbotschaft Nr. 7, vorn im Umschlag

Ein Schreck kommt selten allein

Normalerweise schaue ich nicht oft in den Spiegel. Höchstens im Bad, wenn ich meine Haare bürste und versuche, sie zu bändigen, weil sie morgens immer nach allen Seiten wegstehen.

In diesem ganz besonderen Augenblick nahm ich aber sogar den Spiegel aus dem Käfig meiner Wellensittiche. Er ist nicht groß, aber was ich darin sah, reichte: Es war das Gesicht meiner Mam.

Jetzt war alles klar: meine längeren Haare, das geplatzte T-Shirt, die kalten Füße. Und Paps hatte nicht Wanda aus dem Bett geworfen, sondern Mam, die er für mich hielt.

Ich war über Nacht gewachsen.

Ich war meine Mam.

Und die Vanessa, der ich vor dem Bad begegnet war, das war … Mam!

Ob sie verstand, was mit ihr los war?

Von unten kam Susannas schrille Stimme. Ich bin sicher, man könnte damit jederzeit Glas schneiden.

„Vanessa, lass das. Du kannst das nicht. Mam soll endlich kommen."

Susanna hatte ja keine Ahnung, dass Mam bei ihr war, die allerdings wie ich aussah.

Nachdem ich mich geräuspert hatte, öffnete ich vorsichtig den Mund und sagte testweise: „Eins, zwei, drei, wo ist das Frühstücksei?"

Ich hatte auch Mams Stimme.

Jetzt zählte jede Minute.

Schnell holte ich aus dem Badezimmer Mams langen Morgenmantel, schlüpfte hinein und rannte nach unten. Mam macht oft im Morgenmantel Frühstück, also war es nichts Ungewöhnliches.

„Vanessa, wie nett, dass du mir hilfst. Ich habe verschlafen", sagte ich als Mam. „Bitte, mach schnell alles für Susanna fertig und dann ab ins Bad. Sonst kommst du zu spät zur Schule."

Susanna sah auf die Uhr und stöhnte. „Vergiss es, ich muss los."

Der Horror nimmt kein Ende

Vanessa, also eigentlich Mam, raunte sie zu: „Unsere Oldies werden auch jeden Tag beknackter."

Die Vanessa-Mam schnappte nach Luft und stemmte die Hände in die Seite. „Also, jetzt hör mir mal gut zu", begann sie sich zu empören.

„Kleine, lass Dampf ab!", riet ihr Susanna, kniff sie in den Arm und rauschte mit einem fiesen Grinsen ab.

Ich hatte Mühe, einen Ton herauszubekommen. Was sollte ich jetzt nur machen?

Zuerst alle aus dem Haus bekommen, dann zu Alexa, damit sie diesen Wahnsinn rückgängig macht!, beschloss ich. Laut sagte ich: „Vanessa, Tempo, Beeilung!“ Genau diese Worte verwendet Mam auch immer, wenn ich am Morgen trödle.

Die Vanessa-Mutter war völlig verwirrt. Total durcheinander.

„Aber ... du ... ich ...“, stotterte sie herum.

„Du sollst nicht immer so lange lesen, dann bist du morgens nie ausgeschlafen“, schimpfte ich sie ein bisschen. Auch das tat Mam des öfteren mit mir.

Stellt euch vor: Die Vanessa-Mutter gehorchte und zog ab.

Wanda musste ich leider beim Waschen und Anziehen helfen. Ich kam mir vor wie ein echter Löwendompteur im Zirkus. Nur die Peitsche fehlte mir zum Knallen. „Zähne putzen! Gesicht waschen! Hose anziehen! Nein, du nimmst nicht den grünen Pulli, der hat Flecken.“

„Aber der rosa Pulli kratzt!“, heulte Wanda lauthals los.

„Der ist ganz weich!“, versicherte ich ihr. Er war es nämlich wirklich.

„Nein, der kratzt“, beharrte Wanda.

„Tut er nicht!“

„Doch!“

„Nein!“

Gleich darauf verzog das kleine Schwestermonster das Gesicht und heulte los wie eine Sirene.

Paps kam aus dem Bad mit einer blutenden Wunde auf der Backe.

„Müsst ihr mich so erschrecken?“, beschwerte er sich. „Das hört sich an, als würdest du das Kind abstechen! Ich habe mich beim Rasieren geschnitten, weil ich so erschrocken bin.“

Und dann tat er etwas Seltsames. Er sah mich an, schnaubte ärgerlich, machte eine wegwerfende Handbewegung und stampfte ins Bad zurück. Hinter ihm knallte die Tür zu.

So hatte ich ihn noch nie erlebt.

Zwanzig Minuten später hatte ich es endlich geschafft. Paps verlud Wanda, die in ihrem rosa Pulli steckte, als wären ihre Arme völlig steif geworden, in seinen Wagen und brachte sie zum Kindergarten. Von mir – also von Mam – verabschiedete er sich nicht. Dabei küsste er sie

sonst immer auf die Wange oder die Stirn. Er sagte nicht einmal „Auf Wiedersehen“ oder so etwas.

Als er fort war, musste ich mich setzen. Das war alles zu viel für mich. Auf einmal fiel mir der Streit ein, den meine Eltern vor zwei Tagen gehabt hatten.

Wollten sie sich vielleicht auch scheiden lassen wie Krissis Eltern?

Mir wurde ganz schlecht.

Durch das Küchenfenster sah ich Krissi. Sie wirkte verstört und verlegen. Es war klar, warum. In Wirklichkeit handelte es sich um Frau Kiska.

Sie, ich, wir Armen

Die Vanessa-Mutter hielt meinen Schulrucksack, als wäre er giftig. Ich hatte sie gleichzeitig mit Paps losgeschickt, weil sie schon sehr, sehr knapp dran war und sonst zu spät zur Schule kam. Das würde ich am nächsten Tag ausbaden müssen.

Bix stand an der Ecke und rief ungeduldig: „Tempo, meine Damen. Wir müssen ohnehin schon den Bus nehmen. Los, dalli, dalli!"

Die Krissi-Mutter und die Vanessa-Mutter setzten sich steifbeinig in Bewegung.

Und ich bekam den nächsten Schock.

Die große Pleite

Bix hatte doch keine Ahnung, dass Krissi und Vanessa gar nicht wir waren, sondern unsere Mütter. Sie würde natürlich mit ihnen reden wie mit uns und bestimmt auch Alexa und unser Geheimnis erwähnen.

Albtraum! Unsere Mütter würden nun alles erfahren!

Ich musste ihr nach und das verhindern.

Wie eine Verrückte stürzte ich im Morgenmantel aus dem Haus. Auf dem Gehsteig knallte ich gegen Frau Kiska, also eigentlich Krissi, die wohl den gleichen Einfall gehabt hatte wie ich. Wir rannten in Richtung Bus, in dem Bix mit den beiden Mams gerade verschwand.

Zischend schloss sich die Tür.

„Halt!", brüllte ich.

Der Bus blinkte und reihte sich in den Verkehr ein. Hinter uns quietschten Bremsen und ein Auto schlitterte an mir vorbei. Nachdem es zum Stehen gekommen war, kurbelte der Fahrer das Fenster herunter und schimpfte: „Von Ihnen könnte man erwarten, dass Sie schauen, bevor Sie über die Straße rennen!“

Der Bus wurde kleiner und kleiner und bog um die Ecke.

Puh, Glück gehabt

„Mist!“, schimpfte Krissi.

„Das stimmt!“, pflichtete ich ihr bei.

„Ich brauch ein Eis! Als Mam darf man das bestimmt auch zum Frühstück essen“, sagte Krissi. Sie hat immer solche Ideen.

Bei uns gab es Eis nur zu hohen Feiertagen, da Mam es für ungesund hielt. Deshalb gingen wir zu Krissi. Sie holte aus der Tiefkühltruhe eine Familienpackung Schoko-Crisp-Eis und stellte sie einfach auf den Tisch. Meinen Löffel bekam ich zugeworfen.

„Und jetzt?“, fragte sie mich. „Du bist schuld, dass wir unsere Mütter sind.“

„Du bist mindestens ebenso schuld, schließlich hast du das Pulver sofort genommen“, gab ich zurück.

Die Küchentür wurde geöffnet und Herr Kiska kam herein. Er schien uns zuerst gar nicht zu bemerken.

Wir erstarrten. Bestimmt gab es gleich jede Menge Fragen, wieso wir nicht in der Schule waren.

Das heißt, nein! Er hatte ja keine Ahnung, wen er vor sich hatte.

Herr Kiska rührte in seiner Kaffeetasse, als wäre Beton drin. In einem Zug leerte er die ganze Tasse, presste sich gleich darauf die Hand auf den Bauch und stöhnte: „Aua, mein Magen. Mann, tut das weh."

Krissi räusperte sich.

„Schatz ... du wolltest doch schon los und zu deinen Eltern!", sagte er vorwurfsvoll.

Ich konnte an Krissis Mutter-Gesicht sehen, dass sie davon keine Ahnung hatte.

„Sie müssen uns das Geld borgen, sonst mache ich Pleite!", brauste Herr Kiska auf.

Krissis Mutter-Miene wechselte plötzlich von überrascht zu entsetzt.

„Ist es ... wirklich so schlimm?", fragte sie leise.

„Ich habe es dir doch schon dreimal erklärt. Jonathan hat krumme Geschäfte gemacht, obwohl ich ihm das nie im Leben zugetraut hätte. Er hat es mir erspart, mich von ihm zu trennen, indem er einfach abgehauen ist. Samt einem Großteil unseres Firmenkapitals. Ich kann heute nur auf Knien in die Bank rutschen und den Damen und Herren dort die Schuhe ablecken, damit sie mir noch einen Kredit geben. Ich will meine Firma unbedingt retten. Sonst ... sind wir pleite." Er sah sich um und hob verzweifelt die

Arme. „Das Haus werden wir als Erstes verkaufen müssen."

Erst jetzt bemerkte Herr Kiska mich.

„Oh ... Tag, Frau Reininghaus!", grüßte er. „Bitte, sagen Sie davon nichts zu Vanessa, denn die erzählt es bestimmt brühwarm unserer Krissi, und wir wollen die Kinder da nicht mit hineinziehen, so lange es geht. Sie würden sich bestimmt große Sorgen machen. Vielleicht gelingt es uns aber doch noch, etwas zu retten. Dann können wir ihnen all die Sorgen ersparen, die wir jetzt haben."

Er beugte sich vor, drückte seine Frau – also eigentlich Krissi – fest an sich und küsste sie laut schmatzend. „Auf in den Kampf!", rief er, doch es klang ziemlich schwach und nicht echt.

Nachdem er aus dem Haus war, löffelte Krissi wie verrückt Eiscreme in sich hinein.

„Stopp! Oder willst du, dass deine Mam ab morgen in keine Jeans mehr hineinpasst!", hielt ich sie auf.

„Wir sind pleite!", flüsterte Krissi. „Daher diese Geheimnistuerei. Meine Eltern wollen sich gar nicht scheiden lassen."

„Und sie wollten dir keine Angst einjagen", sagte ich. „Wer ist übrigens dieser Jonathan?"

Medizin – auch ohne Rezept

„Paps' Geschäftspartner. Also Ex-Geschäftspartner", antwortete Krissi leise.

„Wirst du mit deinen Großeltern über das Geld reden?", wollte ich wissen.

Krissi schüttelte den Kopf. „Ich … habe doch keine Ahnung, was ich sagen soll. Vanessa!" Sie sah mich mit großen Augen an. „Mam muss wieder in ihren Körper zurück. Wenn sie nicht zu Oma und Opa fährt, dann ist alles aus."

„Wir gehen sofort zu Alexa!", beschloss ich. In einer Viertelstunde wollten wir uns im Rathaus treffen. Doch daraus wurde nichts.

Ich hatte vergessen, dass ich nicht mehr Vanessa war, sondern Mam. Und Mam ging morgens immer unter die Dusche. Danach aber hatte sie eine Strubbelfrisur wie sonst nie. Ich begann, sie mit dem Föhn zu bearbeiten, was alles nur schlimmer machte.

Und das Gesicht! Mam trug immer Lidschatten, viel Puder und Lippenstift auf. Außerdem tuschte sie sich die Wimpern. Vorher sah sie wie ein Weißgesicht aus, das mir ganz fremd war.

Ich war auf einmal so groß und hatte sogar einen Busen. War das vielleicht ein komisches Gefühl!

Ganz schlimm fühlte ich mich, als ich in Mams Kleiderschrank nach passenden Klamotten suchte. Dieser Schrank ist absolutes Sperrgebiet, da Mam dort vor Geburtstagen auch Geschenke für uns versteckt.

Normalerweise schlüpfe ich in einer Minute in meine Klamotten. Als Mam brauchte ich aber

Das kann ja nicht gut gehen

mindestens eine halbe Stunde. Die Häkchen an ihrem BH waren eine echte Herausforderung!

Erst eine Stunde später traf ich im Ratskeller ein. Krissi war natürlich wieder viel klüger gewesen. Sie hatte ihr Mutter-Haar unter einer Mütze versteckt und trug eine große Sonnenbrille. Und sie müffelte!

„Bist du etwa unterwegs eingeschlafen?“, schimpfte sie, als ich die Treppe herunterkam.

Es wäre ziemlich sinnlos gewesen, alles zu erklären, deshalb ließ ich es bleiben.

Wir traten vor die Wand und machten, weil wir es so eilig hatten, einen schnellen Schritt darauf zu.

In der nahen Zukunft würden unsere Mütter wohl Nasenschmerzen haben.

Schmatzende Überraschungen

Die Mauer blieb steinhart. Die lila Tür tauchte nicht auf. Krissi und ich hatten unsere Nasen am kalten Stein angeschlagen. Jammernd taumelten wir zurück und versuchten es noch einmal. Wir machten ein paar Schritte nach links, ein paar nach rechts. Wir stellten uns auf die Zehenspitzen und gingen in die Hocke.

Nichts geschah!

Krissi trommelte mit den Fäusten gegen die Mauer und rief leise: „Alexa, kannst du uns hören, mach auf!"

Auch das nützte nichts.

„Krissi, die Tür erscheint nur, wenn wir mit unseren echten Körpern davorstehen!"

Wütend und verzweifelt stampfte Krissi auf. „Mist, Mist, Mist. Aber nur Alexa kann uns

helfen, den ganzen Zauber wieder rückgängig zu machen."

„Bix!", fiel mir ein. „Wir müssen sie holen. Sie ist die Alte geblieben und kann uns die lila Tür öffnen."

Also auf zur Schule.

Die Leute auf der Straße drehten sich nach uns um, als wir an ihnen vorbei zur Schule rannten. Sie sahen eine sehr elegante Mam und eine Mam mit einer Riesensonnenbrille und einer Wollmütze, die wie verrückt durch die Gegend spurteten. Krissi hielt dabei ihre Mütze und die Brille fest, ich trug die Stöckelschuhe in der Hand, die ich leider ausgewählt hatte, und lief barfuß. Bestimmt hätte ich mir sonst mindestens viermal den Knöchel verstaucht (eigentlich Mams Knöchel).

Die zweite Stunde hatte bereits begonnen, als wir die Schule erreichten. Durch die geschlossenen Klassentüren drangen leise die Stimmen der Lehrer. In einigen Klassen ging es auch lauter zu.

Wir pressten die Ohren an die Tür zu unserem Klassenzimmer und hörten – NICHTS!

Mir fiel sofort ein, was der Grund dafür war: In der zweiten Stunde hatten wir Mathe und bei Herrn Müller war es immer sehr leise. Alle hatten die Köpfe eingezogen, um auch bestimmt nicht aufzufallen und vielleicht aufgerufen zu werden.

Ich klopfte, ohne vorher zu überlegen, was ich eigentlich tun wollte.

Herr Müller öffnete die Tür und musterte mich fragend.

„Ich bin's!", piepste ich verlegen.

„Ach, Frau Reininghaus!" Er hatte mich als Mam erkannt. „Sie sollten doch erst in der dritten Stunde kommen. Aber wenn Sie schon da sind, komme ich gleich zu Ihnen.“

Er verschwand in der Klasse und ließ die Tür halb offen stehen.

Ich sah mich selbst auf meinem Platz sitzen, den Kopf in die Hand gestützt und mit dieser Falte auf der Stirn, die bedeutete, dass ich die Matheaufgaben mal wieder nicht kapierte.

Da bin ich ja!

Da musste ich grinsen. Ich – das war Mam, und jetzt erlebte sie einmal selbst, was Mathe manchmal für mich bedeutete.

Krissi – also die falsche Krissi – kaute an einer Haarsträhne, hatte den Hals gereckt und spähte in das Heft ihrer Sitznachbarin, um abzuschreiben. Die echte Krissi und ihre Mam waren einander also ziemlich ähnlich.

Bix machte ein sehr verwundertes Gesicht, als sie uns Mütter vor der Klasse stehen sah. Ich verstand auch sofort, warum: Normalerweise sind Krissis Mam und meine nicht gerade die dicksten Freundinnen.

Krissi schnippte mit den Fingern und trat in eine Fensternische. Ich hörte, wie sie in der Handtasche ihrer Mutter nach etwas suchte.

Herr Müller versorgte die Klasse mit weiteren Rechenaufgaben und kam dann zu mir hinüber.

„Schmatz – schmatz ... tja, Frau Reininghaus ... schmatz – schmatz ... der Grund, warum ich Sie sprechen wollte, ist ... schmatz ...“, begann er und legte eine Pause ein, in der er wohl angestrengt überlegte, wie er Mam beibringen sollte, welche Niete ich war.

Schmatzer, der Gute

„Lieber Herr Müller, meine Tochter hält sich für eine Mathe-Versagerin“, hörte ich mich mit Mams Stimme sagen.

Der Schmatzer sah mich entsetzt an und hob abwehrend die Hände. „Aber nein, überhaupt nicht. Sie redet sich das nur ein. Sie ist der festen Überzeugung, Mathematik oft nicht verstehen zu können und macht sich selbst fertig. Ich wollte Sie bitten, ihr einfach mehr Mut zu machen. Oder hatten Sie selbst Probleme in Mathematik? Manchmal geben Mütter und Väter das an ihre Kinder weiter."

Mit offenem Mund starrte ich ihn an. Dem Schmatzer hätte ich viel zugetraut, aber das wirklich nicht.

„Und wenn ich es mir recht überlege, werde ich Vanessa auch persönlich ermutigen, mehr Selbstvertrauen in ihre mathematischen Fähigkeiten zu haben", sagte er. „Aber ich brauche Ihre Unterstützung. Bitte üben Sie mit ihr, damit sie mehr Erfolgserlebnisse hat. Das wird sich bestimmt positiv auswirken, denn ich sehe, dass sie sich bemüht."

Hinter seinem Rücken war inzwischen Krissi aufgetaucht – die Mutter-Krissi. Sie schwenkte eine Geheimbotschaft und deutete auf die Klasse. Ich hatte nun die Aufgabe, Herrn Müller weiter in ein Gespräch zu verwickeln, während sie Bix die Nachricht zukommen ließ.

Also fragte ich ihn aus, welche Aufgaben ich mit meiner Tochter am meisten üben sollte. Ich glaube, Herr Müller verriet mir einige Aufgaben der nächsten Klassenarbeit.

Krissi erzählte mir später, welche Überraschung ihr Auftauchen als eigene Mam in der

Unsere letzte Hoffnung

Klasse ausgelöst hatte. Vor allem begann sofort heftiges Getuschel, weil Frau Kiska nicht zu ihrer Tochter, sondern zu Bix ging, ihr einen Zettel zusteckte und ihr etwas zuflüsterte.

Bix war total aus dem Häuschen. Krissi flüsterte nämlich: „Kein Wort zu Krissi und Vanessa über Alexa. Die beiden sind in Wirklichkeit unsere Mams und wir sind deine echten Freundinnen."

Wie ein Karpfen, der an Land gezogen worden war, schnappte Bix nach Luft. Kein Wort brachte sie heraus. Sie sah nur ständig von

Krissi zu Vanessa und wieder zu Krissi und machte dabei ein Gesicht, als hätte ihr gerade jemand gesagt, die zwei wären tollwütig und bissig.

Schnell verzog sich Krissi wieder. Ich meine jetzt die echte im Mutter-Körper. Sie konnte nur noch hoffen, dass Bix die Nachricht verstanden hatte und alles klappte.

Geheimbotschaft Nr. 8, vorn im Umschlag

Totale Verwirrung

Bix ist in der Theatergruppe unserer Schule und hat ein echtes Talent. Sie hat in der letzten Aufführung eine dicke, schrullige Köchin gespielt und manche sind vor Lachen fast von den Sitzen gekippt.

Aber diesmal befand sie sich nicht auf der Bühne. Heute musste sie Herrn Müller überzeugen. Ob das möglich war? Ich hatte da meine Zweifel.

Noch immer stand ich bei ihm und fragte ihm Löcher in den Bauch. Der arme Schmatzer wand sich wie ein Wurm am Haken.

„Äh … schmatz – schmatz … also, Frau Reininghaus, die Aufgaben, die ich in der nächsten Klassenarbeit stelle, darf ich Ihnen wirklich nicht verraten“, stotterte er.

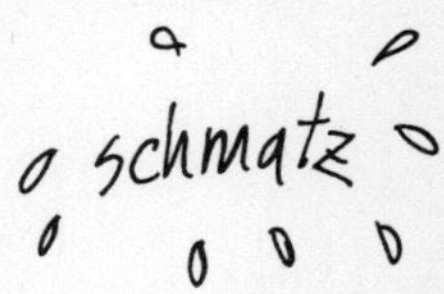

Na ja, man wird es doch versuchen dürfen!

Krissi gab mir hinter seinem Rücken ein Zeichen, dass alles erledigt war. Ich musste mich also verabschieden und der Mathelehrer kehrte schwitzend in die Klasse zurück. Ich wette, so bald bestellt er meine Mam nicht mehr in die Schule. Meine Fragen hatten ihn gelöchert wie ein Nudelsieb.

Langsam gingen wir die Treppe nach unten. Krissi hatte mir in Stichworten zugeflüstert, was sie geplant hatte.

Hinter uns flog die Klassentür auf und Bix stürzte heraus. Die Hände vor den Mund gepresst, raste sie Richtung Toilette. Die Geräusche, die durch die angelehnte Tür zu hören waren, bewirkten, dass auch uns schlecht wurde.

Herr Müller kam besorgt hinter Bix hergelaufen und rief in die Mädchentoilette: „Kann ich … dir helfen?“

Schnell kam ihm Krissi zu Hilfe. „Lassen Sie mich!“, sagte sie mit einem Lächeln. Sie verschwand durch die Tür und kehrte nach einer Weile mit Bix zurück. Bix stützte sich schwer auf die Krissi-Mutter-Schulter und war käseweiß im Gesicht.

Oh, das arme Kind!

„Ich nehme sie mit nach Hause“, versprach die Krissi-Mutter. „Das arme Kind

Super, toll, irre – ein Talent!

muss dringend in ein Bett. Diese schreckliche Magengrippe greift gerade um sich."

Herr Müller war sofort einverstanden.

Endlich standen wir wieder auf der Straße

und gingen mit schnellen Schritten in die Nebengasse, damit uns niemand beobachten konnte.

„Äh ... Frau Kiska ... Frau Reininghaus“, begann Bix.

„Spar dir das ‚Frau‘, wir sind es, Krissi und Vanessa!“, sagte Krissi, natürlich mit dem Gesicht und der Stimme ihrer Mutter.

An ihrer Stelle hätte ich ihr kein Wort geglaubt und mich und sie für völlig durchgedreht und verrückt gehalten.

„Frau Kiska, wieso ... benutzen Sie unsere Geheimschrift?“, wollte Bix wissen.

„Weil ich Krissi bin!“, sagte Frau Kiska.

„Ist das ein Scherz, den sich Krissi ausgedacht hat?“, fragte Bix vorsichtig.

„Nein!“, stöhnte Frau Kiska, also Krissi, genervt. „Das ganze Schlamassel hat sich Alexa ausgedacht. Zumindest ist sie schuld daran. Und jetzt komm endlich mit zum Rathaus!“

„Was soll ich dort?“ Bix stemmte die Hände in die Seite.

Moment mal, mir kam ein Verdacht: Vielleicht hatte Bix doch auch ein wenig von dem Pulver genommen und wir standen jetzt vor ihrer Mutter.

Dann wären wir es, die unser Geheimnis verrieten!

Ich hatte eine Idee. „Wir … wir testen jetzt, ob wir wirklich wir sind.“

Bix wich zurück, als könnte ich sie jederzeit beißen.

„Die Tür im Keller des Rathauses ist lila!“, sagte ich. „Krissi, was futtert Alexa?“

Krissi antwortete als Frau Kiska: „Chips!“

Meine Fragen waren schlau. Selbst wenn Bix in Wirklichkeit ihre Mutter war, verstand sie höchstens Bahnhof. Von ihr wollte ich noch wissen: „Welche Nummer hat der Weg zum Rathaus am Brunnen vorbei?“

„Nummer neun“, sagte Bix leise.

Gleichzeitig schlugen wir die Hände in der Luft zusammen. Das heißt: Frau Kiska und ich taten das, Bix schlug unten durch, weil sie ja viel kleiner war.

Trotzdem gab es keinen Zweifel mehr: Wir waren die Echten, auch wenn wir nicht so aussahen. Sofort machten wir uns auf den Weg zu Alexa.

Der Trick klappte: Als Bix vor die Mauer trat, öffnete sich sofort die lila Tür.

Im Gewölbe erwartete uns eine Alexa, wie

Das muss man sich vorstellen …

wir sie noch nie gesehen hatten: Sie trug einen Schutzhelm in Knallgelb, dazu einen Brustpanzer aus Metall, wie von einer Ritterrüstung, aber auf ihre Größe geschmiedet. Zur Hälfte steckte sie in einer kleinen Holztonne, die auf einem mittelalterlichen Katapult in Mini-Format befestigt war.

„Angriff!", schrie sie, als wir eintraten.

Mit einem kleinen Schwert schnitt sie ein Seil durch, der Wurfarm schnellte in die Höhe und eine faustgroße Metallkugel flog in unsere Richtung. Wir konnten gerade noch ausweichen, aber hinter uns schlug sie ein Loch in die Wand, größer als ein Kopf.

„Halt, das sind nur wir!", stoppte Bix Alexa, als sie die nächste Kugel auflegte.

„Dein Pulver hat uns in die Körper unserer Mütter gehext!", rief Krissi. „Aber wir müssen sofort wieder tauschen. Wie geht das?"

„Gar nicht", lautete Alexas Antwort.

„Was? Das ist nicht dein Ernst!"

Musste ich jetzt immer Mam bleiben? Das wollte ich nicht! Unter keinen Umständen!

Alles nicht zu fassen

„In der nächsten Nacht löst sich alles von allein auf", fuhr Alexa fort. „Wenn ihr aufwacht, seid ihr wieder ihr selbst."

„Aber ... aber ...", stotterten Krissi und ich herum.

Alexa wurde wütend. „Was soll die Aufregung? Das Pulver ist der beste Problemlöser, wenn es um Eltern geht. Nehmt einmal alles selbst in die Hand!"

Kritisch musterte sie Bix. „Was ist mit dir? Hast wohl wieder gekniffen?"

Bevor Bix sich noch aufregen konnte, redete Alexa schon weiter: „Und was ist mit ES? ES darf wohl ungestört diese Stadt erobern, während ihr euch über Lippenstift und Nylonstrümpfe streitet, oder was?"

Ihre Augen fielen fast aus dem Krötenkopf.

… sie dreht völlig durch

Die Saugfinger ihrer rechten Pfote hatte sie auf uns gerichtet.

„Äh … wir … wir suchen ES sofort weiter!“, versprachen wir.

„Könnt ihr euch sparen!“, entgegnete Alexa bissig.

Wir verstanden kein Wort mehr.

„ES sucht bereits nach euch, weil es weiß, dass ihr ihm gefährlich werden könnt. Und ES wird blitzschnell auftauchen und zuschlagen. ICH bin hier gerüstet!“ Die Kröte deutete auf das Katapult aus Holz. „Aber wie steht es mit euch? Hä?“

Krissi kam ein Gedanke, der sie ganz kribbelig machte. „Dieses ES, weiß es, dass wir zurzeit wie unsere Mütter aussehen, oder wird es auf die losgehen, die aussehen wie wir normalerweise, aber unsere Mütter sind?“

„Keine Ahnung, zu meiner großen Freude und Erleichterung bin ich diesem ES noch nie begegnet!“, erklärte Alexa. „In jedem Fall solltet ihr euch schnellstens etwas einfallen lassen. Sonst könntet ihr schon heute Abend als schwarze Nachtschatten-Geister durch die Luft schweben. Igitt, Nachtschatten-Geister haben Körper, die sich wie Spinnweben von Vogelspinnen anfühlen.“ Alexa schüttelte sich angeekelt.

Wir verabschiedeten uns hastig und gingen.

Diesmal nahmen wir alle drei den gleichen Weg nach Hause. Wir mussten beratschlagen und durften keine Zeit mehr verlieren.

„Ich weiß, was ich mit Oma und Opa mache“, sagte Krissi glücklich. „Ich rufe sie an und bitte sie, zu Paps zu kommen. Das machen sie bestimmt. Dann soll er selbst mit ihnen reden.“

„Aber was tun wir gegen dieses ES, wenn es wirklich kommt?“, wollte ich wissen. Auf einmal hatte ich das Gefühl, dieses schwarze Wesen könnte bereits hinter jeder Ecke lauern. Ich ging immer schneller, weil ich dringend nach Hause wollte.

„Wir müssen vor allem unsere Mams von der Schule abholen. ES könnte ihnen doch auf dem Heimweg auflauern!“, warnte Krissi.

Die arme Frau Taler

Während wir so geredet hatten, waren wir in unserer Straße angekommen. Vor Bix' Haus stand ihre Mutter und goss Blumen.

„Ach du Schande, sie hat heute ihren freien Tag", stöhnte Bix.

„Frau Reininghaus ... Bix?" Frau Taler legte den Gartenschlauch weg und öffnete das Gatter.

„Bix war so übel. Deshalb habe ich sie von der Schule mitgenommen", erklärte ich als meine Mam und Frau Taler glaubte mir jedes Wort. Sie schickte Bix nach oben und bestand darauf, dass ich eine Tasse Tee mit ihr in der Küche trank.

„Sagen Sie, ist Ihre Tochter auch so streng mit Ihnen?", fragte sie völlig unerwartet.

Streng? Seit wann waren wir Kinder mit unseren Eltern streng?

„Ich kann Bix nichts recht machen. Trage ich flotte Klamotten, findet sie das peinlich. Ziehe ich meine alten Sachen an, verdreht sie wieder die Augen. Sie sagt, sie müsse sich für mich nur genieren."

So hatte ich das noch nie gesehen.

„Aber vielleicht war das bei uns auch nicht anders, als wir in diesem Alter waren", redete Bix' Mutter weiter. Mit einem tiefen Seufzer meinte sie: „Manchmal würde ich mich über ein Lob oder ein Kompliment von meiner Tochter schon sehr freuen."

„Wie wahr, ich kann Sie gut verstehen", murmelte ich und erhob mich.

Doch zu Hause ging es gleich weiter. Paps

SCHEIDUNG ?!

wartete im Wohnzimmer auf mich – also eigentlich auf Mam.

„Margot, ich muss mit dir reden“, sagte er sehr bestimmt und ernst.

Mein Herz klopfte bis zum Hals. Was wollte er mit mir besprechen? Die Scheidung!

„Bitte glaub mir endlich: Ich habe keine Freundin!“

Meine Knie wurden butterweich und ich musste mich setzen. Stumm sank ich auf das Sofa.

Ich grübelte fieberhaft, was Mam jetzt sagen würde. Mir fiel aber nichts ein, was ich wirklich gut gefunden hätte, und deshalb hielt ich einfach den Mund.

„Deine Eifersucht ist für mich wirklich sehr schwer zu ertragen!“, fuhr Paps fort und lief wie ein Panther im Käfig auf und ab.

Mam war eifersüchtig, weil sie vermutete, Paps könnte eine Freundin haben? Daher war sie in letzter Zeit so komisch und zerstreut. Daher auch der Streit in der Nacht!

Ich war noch nie wirklich eifersüchtig gewesen. Ich kannte das ganze Eifersuchtstheater nur aus Krissis Berichten und die hatte sie lediglich im Fernsehen in irgendwelchen Herz-Schmerz-Filmen gesehen.

„Du bist wirklich eine tolle Frau, aber … aber bitte sei nicht immer so perfekt. Ich fühle mich neben dir wie ein Versager!“

Armer Paps

Noch nie hatte ich Paps so reden gehört. Aber er musste das Mam sagen, der echten Mam.

„Wenn Vanessa einmal eine Fünf schreibt, dann denkst du sofort, du hättest etwas falsch gemacht, und deine arme Tochter muss pauken ohne Ende. Unsere Mädchen sind doch wirklich super. Du musst sie nicht wie ein Wachhund beaufsichtigen."

Ich öffnete den Mund, um ihm zuzustimmen, aber er ließ mich nicht zu Wort kommen. „Ich weiß, du möchtest immer alles so gut wie nur irgendwie möglich machen. Aber Margot, ich liebe dich auch, wenn du einmal nicht so perfekt bist. Vielleicht ... liebe ich dich dann fast noch mehr, weil ich spüre, dass ich nicht mit einem Roboter verheiratet bin."

Er sah mich treuherzig an. So mit einem Dackelblick. Am liebsten hätte ich ihn ganz fest gedrückt, aber ich traute mich nicht. Außerdem, was nützte es, wenn er mir das alles sagte. Es war gut für mich zu wissen, doch wenn Mam nichts davon erfuhr, gab es sicher schon bald noch mehr Zoff zwischen meinen Eltern.

„Margot, strafst du mich jetzt mit eisigem Schweigen?" Paps' Stimme war fast ein Flehen.

Mir musste etwas einfallen!

„ES“ greift an

Und mir fiel auch etwas ein. Ich bin heute noch stolz auf meine Idee.

„Edgar, das kommt alles so überraschend, und weißt du, ich … ich kann jetzt nicht sofort etwas sagen“, stotterte ich herum. Manchmal sagt Mam nämlich zu mir: „Vanessa, gib mir etwas Zeit, ich werde dir in einer halben Stunde meine Meinung dazu sagen.“

„Ich habe eine Bitte an dich. Sie mag ungewöhnlich klingen, aber erfülle sie mir.“

Paps lächelte ganz lieb. „Was kann ich tun?“

„Sag mir das alles morgen noch einmal. Aber bitte genau so. Ist das möglich?“

Paps war reichlich verwirrt, nickte aber.

Puh, geschafft. Und dann verabschiedete sich Paps schnell, weil er zurück ins Büro musste.

Grübelfoto

Ich blieb sitzen und grübelte wieder einmal.

Eltern hatten es irgendwie auch nicht einfach. Aber warum machten sie es uns oft so schwer? Warum redeten sie nicht mehr mit uns? Wir waren doch nicht blöd und wussten lieber, was los war, als nur zu spüren, dass etwas nicht stimmte.

Es war bereits kurz vor zwölf Uhr und ich hätte mich am liebsten wieder ins Bett gelegt und geschlafen. Doch das ging nicht. Wanda musste vom Kindergarten abgeholt werden und meine Mutter-Vanessa von der Schule.

Aber ich konnte doch nicht Auto fahren!

Und kochen musste ich auch etwas. Aber wie und was?

Ich rief Krissi an und beauftragte sie, unsere Mütter von der Schule zu holen. Bevor ich in den Kindergarten lief, stellte ich zwei Tiefkühlpizzas in die Mikrowelle. Wenn ich zurückkam, mussten sie aufgetaut sein.

Als ich mit der quengelnden Wanda an der Hand das Haus betrat, wallten uns schwarze Wolken entgegen.

ES war da. ES griff an und ich war wehrlos. In der Hektik hatte ich die Ringe mit den bunten Glassplittern oben in meiner Nachttischschublade liegen lassen.

„Wieso habe ich laufen müssen?“, beschwerte sich Wanda zum hundertsten Mal. „Alle werden mit dem Auto abgeholt.“

Ich hörte gar nicht hin. Durch meinen Kopf jagten zwei verschiedene Ideen: Sofort aus dem Haus oder alles auf eine Karte setzen und durch den schwarzen Rauch nach oben, um die Ringe zu holen.

Hinter mir wurde die Tür geöffnet und Vanessa trat ein (also Mam!).

„Oh nein, da brennt was an!“, rief sie, und bevor ich sie zurückhalten konnte, war sie schon in der Küche. Von dort hörte ich sie schimpfen: „Wer hat denn hier Pizzas samt Plastikfolie in die Mikrowelle gelegt und auf die höchste Stufe gestellt?“

Falscher Alarm also. Kein ES, sondern nur verbrannte Pizzas.

„Vanessa, du bist so aufmerksam“, lobte ich sie als Mam. „Wärst du auch so nett, für uns alle ein kleines Mittagessen zu richten?“

Meine Mam ist so sehr Mam, dass sie selbst in meinem Körper nicht aus ihrer Haut konnte und sofort ein paar Sachen aus dem Kühlschrank holte und zu kochen begann.

„Du kannst das doch gar nicht, wäääää!“, quiekte Wanda.

„Wanda, mein Schatz, und du bekommst kein Eis, wenn du Vanessa nicht hilfst“, drohte ich der kleinen Nervensäge.

Bei Mam quengelte sie immer stundenlang weiter, weil Mam ihr immer lange zu erklären

Ohne Fleiß kein Eis!

versucht, wieso manche Sachen so sein müssen, wie sie sind. Die Drohung mit dem Eis wirkte Wunder. Das kleine Schwestermonster klappte den Mund zu und nahm sich das Schneidbrett, auf dem sie selbst arbeiten durfte, und war tatsächlich bereit, nett und hilfreich zu sein.

Meine Mam warf mir einen bewundernden Blick zu.

In meinem Zimmer erwartete mich bereits

eine Nachricht von Krissi. Nachdem ich sie entschlüsselt hatte, bekam ich Bauchschmerzen.

Geheimbotschaft Nr. 9, vorn im Umschlag

Typisch. Meine Mam nahm die Sache mit dem Körpertausch mit Haltung und Würde. Krissis Mutter haute auf den Putz und war nicht bereit, noch einmal die Schulbank zu drücken.

Aber was würde ein Arzt sagen? Konnten unsere Mütter beweisen, dass sie unsere Mütter waren, auch wenn sie aussahen wie wir?

Bestimmt kamen Krissi und ich als Nächste dran. Wir würden dann auch untersucht werden, vielleicht sogar in Labors. Schließlich handelte es sich um eine Sensation. Dabei sollte morgen der Spuk vorbei sein. So lange mussten wir Krissis Mutter noch zurückhalten, die halbe Welt zu alarmieren.

Nur wie?

Mein Blick fiel auf das Holzkästchen, das auf meinem Schreibtisch stand. Ich hob es hoch und warf einen Blick durch eines der Löcher.

Und da erwartete mich der nächste Schock: Das schwarze körperlose ES in der Glaskugel war gewachsen und bereits so riesig, dass ich

Susanna-Monsterschwester

fürchtete, es könnte im nächsten Augenblick die Glaskugel zersprengen.

Also war das echte ES ganz in der Nähe.

Die Tür zu meinem Zimmer ging auf und Susanna kam herein.

„Kannst du nicht anklopfen, du Gurke?“, fuhr ich sie genervt an. Susanna bekam Anfälle, wenn man bei ihr nicht klopfte, platzte aber selbst immer einfach so in alle anderen Zimmer.

„Mam?“, fragte sie verwundert, als sie mich mit der Kiste in der Hand sitzen sah. So heftig hatte sie Mam wohl noch nie erlebt.

Das schwarze Wesen in der Glaskugel bäumte sich auf und presste die Krallen von innen gegen das Glas, als wollte es ausbrechen.

Susanna! Dieses geheimnisvolle ES war meine große Schwester.

Das gibt's doch nicht!

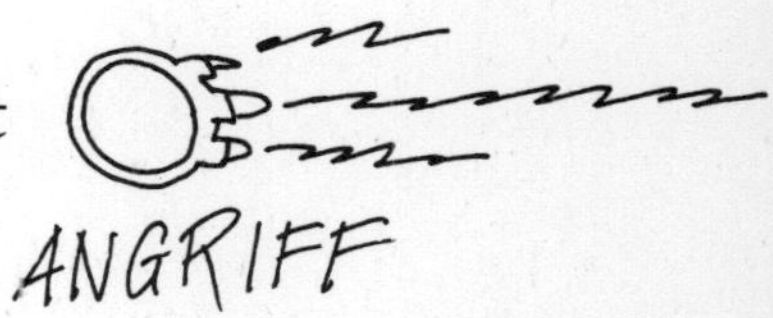

Das verwunderte mich nicht im Geringsten. Ich hatte sie nämlich schon immer in Verdacht, von einer besonders bösen Macht besessen zu sein.

Mit einem Sprung war ich an meinem Nachttisch und holte einen Ring heraus.

Susanna starrte mich entgeistert an.

„Mam! Das sind doch Vanessas Sachen!“, sagte sie vorwurfsvoll.

Mir fiel ein, dass ein Ring allein nutzlos war. Wir mussten alle drei auf ES richten, hatte Alexa gesagt.

Hastig kramte ich auch die anderen Ringe aus der Schublade hervor.

In der Hektik fielen mir zwei aber wieder aus der Hand.

„Geht es dir gut?“, erkundigte sich meine große Schwester. „Ist alles in Ordnung?“

Nervenzusammenbruch
– wenn's das nur wäre

Ich richtete die spitzen, bunten Steine des einen Rings auf sie und wartete auf die Blitze.

Doch die kamen nicht.

Susanna kam langsam näher.

„Mam, ganz ruhig. Ich glaube, man nennt so etwas einen Nervenzusammenbruch. Du hattest wohl zu viel Stress in letzter Zeit. Wir kriegen das hin!“ Sie redete auf mich ein wie auf eine Verrückte.

Als Sportlerin sind Hechtsprünge für mich kein Problem, und ich musste jetzt hechten, um die anderen beiden Ringe wiederzubekommen.

Vergessen hatte ich nur, dass ich in Mams Körper steckte und sie nicht so viel Sport betrieb.

Aua, kann ich nur sagen.

Aber die Ringe hatte ich.

In diesem Momemt zerbrach die Holzkiste. Die vier Wände klappten gleichzeitig auseinander und der Deckel wurde fast bis zur Zimmerdecke geschleudert.

Mit einem Knall zerplatzte die Glaskugel und das schwarze Wolkenwesen wuchs innerhalb von Bruchteilen von Sekunden zu einem Ungeheuer, das mein ganzes Zimmer ausfüllte.

Susanna stand mit offenem Mund da. So sprachlos hatte ich sie noch nie erlebt. Warum konnte sie nicht immer so bleiben, diese alte Besserwisserin?

Ich hatte die drei Ringe in der Hand. Meine Finger zitterten aber so heftig, dass sie mir immer wieder fast entglitten oder sich verdrehten.

Endlich zeigten die spitzen Steine alle nach vorne.

Ich richtete sie auf das schwarze Wesen, das wolkenartige Muskeln spielen ließ und seine nadeldünnen Zähne bleckte.

„Los, blitzt!“, rief ich verzweifelt.

Susanna sank zu Boden wie die hysterischen Frauen in Filmen, wenn sie ohnmächtig werden. Zitternd kauerte sie neben dem Käfig meiner Vögel und wimmerte: „Meine Mama ist eine Außerirdische!“

„Nein, aber deine Schwester ist eine Monsterjägerin!“, dachte ich. Und ich ruckte im-

mer wieder mit den Ringen in der Hand, ich schwenkte sie und schleuderte sie. Ich stieß sie nach vorn wie einen Boxhandschuh.

Doch kein Blitz kam.

ES bäumte sich lautlos auf. Es schien mich auszulachen und sich köstlich zu amüsieren.

Wo waren Krissi und Bix? Wieso ließen sie mich allein?

Wie auf ein Stichwort flog die Tür hinter mir auf. Bix taumelte herein und schlug die Hand vor den Mund, um nicht aufzuschreien.

Aus den Augenwinkeln sah ich auch Frau Kiska, also Krissi.

„Hier!“ Ich warf jeder der beiden einen Ring zu. „Es funktioniert nur, wenn wir alle drei es machen!“

Wir steckten uns die Ringe jetzt sogar an. Und wieder wurden sie auf ES gerichtet, dessen schwarze Spinnwebarme bereits zum Fenster hinauswuchsen.

„Los!“, gab ich das Kommando.

„Was sollen wir tun?“, fragte Bix.

„Nur die Ringe auf ES richten!“

Zuerst kam nur ein leichtes Blitzen aus den spitzen Steinen und es roch merkwürdig angebrannt. Als wir drei uns ganz dicht aneinanderdrängten und die Hände eng zusammenhielten, schossen aus allen drei Ringen Blitze, die sich zu einem dicken, gleißenden Strahl vereinigten. Der traf ES und ließ es zu einer Wolke aus Licht aufglühen.

Im nächsten Augenblick war alles vorbei.

Kein ES mehr. Nur noch wir, die wir schwitzend und zitternd dastanden, die Hände noch immer beisammen. Und Susanna auf dem Boden.

Mist, sie hatte alles gesehen. Sie kannte jetzt unser Geheimnis und ich wusste, sie würde es keine Sekunde für sich behalten.

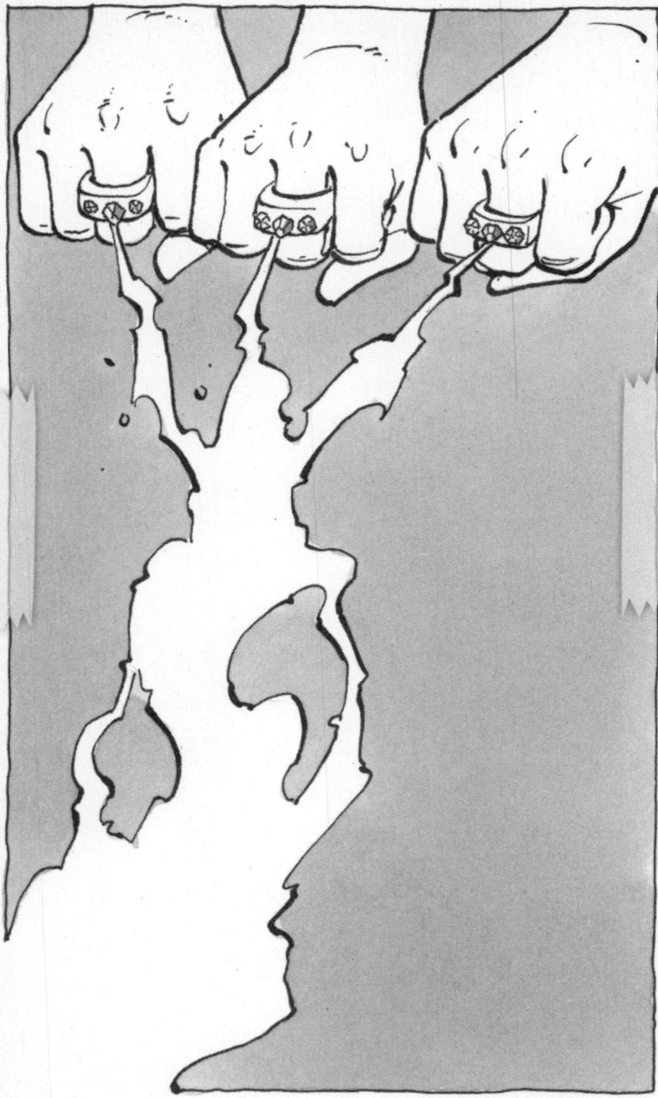

Bild einer Heldentat

Vom Fenster kam ein langsames, leises Klatschen.

„Bravo!“, hörten wir eine bekannte Stimme.

„Alexa? Du hier?“

„Nein, ich sitze im Keller, das hier ist nur mein Astralleib!“, frotzelte die Kröte.

„Wieso …?“ Wir waren verwirrt.

„Nur zu eurer Information: Es gibt kein ES! Es hat sich nur um einen Test gehandelt, ob ihr drei für die Aufgabe, die ich euch übertragen habe, noch immer geeignet seid.“

„Was?“ Mehr brachten wir nicht heraus.

„Ich wollte prüfen, ob ihr zur Stelle seid, wenn's brennt, und vor allem, ob ihr spürt, wenn eine von euch die Hilfe der anderen benötigt. Ihr habt bestanden!“, verkündete Alexa und bevor wir uns auf sie stürzen konnten, sprang sie mit einem mächtigen Satz hinunter in den Garten.

„Zur Feier des Tages bringt ihr mir drei Extratüten Chips mit!“, rief sie herauf.

Sie war unmöglich!

Aber Susanna? Als ich mich zu ihr umdrehte, stand sie gerade auf und klopfte sich die helle Jeans ab. „Vanessas Vögel machen viel Mist“, schimpfte sie.

Die unmögliche Chefin

„Was … was meinst du?“, erkundigte ich mich.

„Mam, du bist viel zu nachsichtig. Mit mir warst du immer strenger!“, beschwerte sich Susanna. Was sie gerade miterlebt hatte, schien sie völlig vergessen zu haben.

„Das hat Alexa gemacht. Die braucht nur zu schnippen und bestimmte Erlebnisse sind verschwunden!“, raunte mir Frau Kiska zu. Gleich darauf gähnte sie herzhaft und auch ich wurde von bleierner Müdigkeit überfallen.

Von unten kam Vanessa, also Mam, tappte ohne ein Wort zu sagen an uns vorbei und taumelte auf mein Bett zu.

„Du darfst heute in Mams Bett dein Mittagsschläfchen halten“, sagte ich schnell.

Wie ferngesteuert drehte sie sich um und verschwand im Schlafzimmer meiner Eltern.

Viel mehr weiß ich auch nicht mehr.

Bix berichtete, ich sei ins Bett gefallen, als hätte ich die Besinnung verloren. Krissi und Frau Kiska schien es genauso ergangen zu sein.

Schlag drei Uhr am Nachmittag wurden wir wieder wach. Ich lag in Mams Klamotten und fühlte mich … geschrumpft!

Ich WAR geschrumpft! Ich war wieder ich!!!!

Da ich das Pulver mit Krissi geteilt hatte, hatte die Wirkung auch nur die halbe Zeit angehalten und war bereits am Nachmittag wieder vorbei.

Schnell schlüpfte ich in meine eigenen Klamotten und rannte aus meinem Zimmer. Mam kam mir mit einer zerfetzten Jeans und einem zerfetzten Pulli entgegen (die ich beide schon lange loswerden wollte!).

„Wieso legst du die Sachen in mein Bett?“, fragte sie ganz verwirrt. „Außerdem darf ich mich tagsüber nicht hinlegen. Ich habe einfach schrecklich geträumt.“

Ich wusste, was sie meinte, aber es war natürlich kein Traum gewesen. Sie hatte alles tatsächlich erlebt.

Unten klingelte es und Wanda riss wieder einmal die Haustür auf, ohne nachzufragen, wer draußen war.

„Hallo, mein Kind, ich komme zu deiner Mama!“, hörte ich Klaras Mutter sagen.

Oh nein! Die hatte ich ganz vergessen.

Mam ging ihr entgegen und führte sie ins Wohnzimmer. Und schon hörte ich den verhängnisvollen Satz: „Ich bin ja so froh, dass Ihre Klara meiner Vanessa in Mathematik hilft.“

Ich hielt die Luft an.

„Und ich bin froh, dass meine Klara endlich mit einem so reizenden Mädchen wie Ihrer Vanessa Freundschaft zu schließen scheint. Auch wenn sie mir davon nichts sagen will!“, antwortete Klaras Mutter.

Puh! Das war knapp gewesen.

Drei Tage später sah die Welt viel besser aus. Einige der großen Sorgen hatten sich aufgelöst. Krissis Paps würde nicht pleitegehen und meine

Psssst – Mein Geheimnis

eigenen Eltern schienen richtig verliebt zu sein. Es war fast peinlich.

Ich hatte Bix auch erzählt, was ihre Mutter gesagt hatte, und seither haben wir alle drei beschlossen, mit unseren Eltern in Zukunft milder zu sein.

Bei Mam hat es übrigens Wunder gewirkt, dass sie einen halben Tag lang ich war. Das spürten auch Susanna und Wanda. Mam war viel verständnisvoller.

Sie kam zu mir ins Zimmer, als ich über Mathe brütete, klopfte mir auf die Schulter und sagte: „Du schaffst das schon, meine Große."

Und ich stand auf und umarmte sie. Richtig gern hatte ich sie.

Susanna sagte zu mir: „Mit Eltern soll man sich auskennen. Einmal sind sie hart wie Beton, dann wieder butterweich. Hast du eine Ahnung, wovon das abhängt?"

„Klar", antwortete ich, „aber es ist mein Geheimnis!"

LESEPROBE

ICH KRIEG DIE KRISE!

Pssst! Unser Geheimnis
Band 24
von Thomas Brezina

KRISSI

Wieso kriegt man immer genau dann die Krise, wenn man es am wenigsten brauchen kann?

Heutzutage wird doch alles untersucht und erforscht. Erst neulich hat Paps aus der Zeitung vorgelesen, dass gerade eine Umfrage zum Thema „Wo bohren Sie am liebsten heimlich in der Nase?“ gemacht wird.

Kein Scherz! Diese Frage wird ein paar Tausend Erwachsenen gestellt. Danach werden die Antworten ausgewertet und einige Wochen später gibt es in der Zeitung einen langen Bericht über das Ergebnis.

In diesem speziellen Fall wäre es einfacher, wenn die Leute, die so ein Quatsch interessiert, das Geld gleich mir geben würden. Denn ich weiß, wo Erwachsene am liebsten in der Nase bohren: in ihrem Auto. Obwohl rundherum alles aus Glas ist, denken sie tatsächlich, niemand würde sie sehen. Aber mir entgeht so etwas nicht.

Das heißt: Ich wäre glücklich, wenn ich es nicht sehen müsste. Igitt! Ekelig! Bei manchen verschwindet der ganze Finger im Nasenloch. Absoluter Horror!

Aber zurück zu meiner ersten Frage, der über die Krise, die am liebsten dann auftaucht, wenn sie so unnötig ist wie ein Loch im Kopf.

Ein Beispiel: Wenn ich eine Verabredung mit einem Traumtyp habe, will ich natürlich traumhaft aussehen. Schlank, sexy und absolut pickelfrei, versteht sich. Aber sobald der Junge mich in die Eisdiele oder ins Kino einlädt, spüre ich schon das Jucken im Gesicht. Es fühlt sich an, als würden sich die noch verborgenen Pickel die Hände reiben. Sie können es von diesem Moment an kaum erwarten, aus der Haut zu ploppen. Doch sie lassen sich Zeit. Sie kommen pünktlich einen Tag vor der Verabredung – im allerschlechtesten Moment.

Man schaut in den Spiegel, sieht ein rotes Horn über dem Auge oder eine rote Warze auf dem Kinn und kriegt die totale Krise.

Natürlich will man den Pickel ausdrücken oder aufkratzen, obwohl in allen Mädchenzeitschriften steht, wie schädlich das ist. Am nächsten Morgen ist aus dem Pickel schon ein fetter Knubbel geworden, der ohne Probleme als rotes Licht einer Verkehrsampel eingesetzt werden könnte.

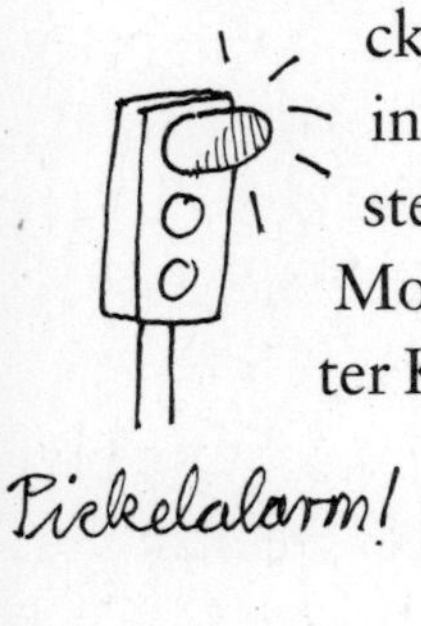

Derart verunstaltet tritt man dann am wichtigsten Tag seines Lebens seinem Traumjungen gegenüber. Die Höflichen tun so, als würden sie nichts sehen. Die weniger Höflichen starren einem ins Gesicht. Die Blödmänner sagen: „Mann, ist das ekelig. Kannst du dir nicht eine Papiertüte über den Kopf stülpen?“

Am nächsten Morgen ist der Pickel natürlich spurlos verschwunden, als wäre er nur eine Fata Morgana gewesen. Aber was nützt das?

Bei mir war es zwar kein Pickel, der mich in die Krise gestürzt hat, aber etwas sehr Ähnliches: meine Brüder.

Nein, halt, das ist jetzt gemein. Caesar und Antonius sind wirklich nicht vergleichbar mit Pickeln oder Frostbeulen. Sie sind beide älter als ich und echt in Ordnung. Die kleine Schwester zu sein, hat mir immer Spaß gemacht. Mit einer Ausnahme vielleicht: Als ich noch ein Baby war und Caesar mich hochgeworfen und fallen gelassen hat.

Noch einmal halt! Stopp! Bitte keine Kommentare dazu. Davon bekomme ich schon mehr als genug von meinen Freundinnen Bix und Vanessa. Weil ich doch damals auf den Kopf gefallen sei, gebe es heute noch Spätschäden und so.

Aber zurück zu meiner Krise: Am Samstag hatte uns Paps zum Abendessen in das Steakhaus *Ox* eingeladen. Wir gehen gerne dorthin. Die Steaks sind die besten der Stadt und Mam meint, sie kosten so viel wie ein halber Ochse. An diesem Samstag war das jedoch egal, denn es gab viel zu feiern.

Scharfes Outfit

Aus den Lautsprechern an der Decke dudelte Westernmusik und eine Serviererin in Fransenjacke und Cowboystiefeln reichte uns die Speisekarten.

Ein unglaubliches Sattelsteak

„Heute nur das Beste. Ist das klar?“, sagte Paps in die Runde. Er wählte für sich das schwerste Steak mit der dicksten Folienkartoffel. Caesar machte es ihm nach. Antonius wollte lieber eines dieser Dinger, die man auch als Reitsattel verwenden könnte, so groß sind sie. Mam und ich entschieden uns für Truthahn.

Als jeder von uns etwas zu trinken hatte, erhob Paps sein Glas. „Ich gratuliere meinen beiden Söhnen, die mich sehr stolz machen.“

Vaters Stolz

Caesar wurde verlegen, Antonius aber strahlte wie ein frisch poliertes Centstück.

„Caesar wurde unter tausend Schülern ausgewählt, ein halbes Jahr lang eine der besten Schulen Englands zu besuchen.“

Mein ältester Bruder ist ein kleiner Streber.

„Und Antonius hat den ersten Preis beim Fotowettbewerb vom *Abendblatt* gewonnen. Sein Foto

wird auf der Titelseite der Sonntagsausgabe erscheinen. Großartig!“

Wir stießen alle an. Die Gläser klirrten gefährlich. Doch Paps war allerbester Laune und selbst Scherben hätten ihm an diesem Abend nichts ausgemacht.

Natürlich wurde viel über Caesars Reise geredet. Mir fehlte er schon jetzt, obwohl er noch mit uns am Tisch saß. Das englische Internat war angeblich sehr streng. Antonius zog ihn auf, dass es dort sicher nur kaltes Wasser zum Duschen gäbe und er auf Holzbrettern schlafen müsse.

Auf dem Foto, mit dem Antonius gewonnen hat, sieht man Großeltern, Eltern und Kinder, die alle die Köpfe zusammenstecken, als wollten sie einander gleichzeitig küssen.

„Wieso haben sie das eigentlich gemacht?“, wollte Mam wissen.

„Weil der kleine Junge gerufen hat ‚Riecht mal, mein Pups duftet nach Veilchen!‘“, erklärte Antonius.

Paps sah ihn zweifelnd an. Antonius erfand gerne wilde Geschichten, die uns die Haare zu Berge stehen ließen. Diese aber schien wahr zu sein.

Zu mir sagte Paps: „Du kannst wirklich stolz auf deine Brüder sein, Krissi.“

Das war ich auch. Trotzdem wollte ich es nicht zugeben. Mich drückte da nämlich etwas. Nicht der Schuh, sondern eher so ein Knödel hinten im Hals.

Von Antonius erhielt ich den Rat: „Nimm dir mal ein Beispiel an uns, Schwesterchen. Damit auch aus dir noch was wird. Eine Meisterschaft im Fernsehgucken gibt es nämlich nicht.“

Gong! Volltreffer. Mam und Paps beschwerten sich in letzter Zeit oft, dass ich zu viel vor der Glotze hockte.

„Und mit Chatten im Internet kommst du auch nicht weit“, sagte Paps in einem Ton, der nach zehn erhobenen Zeigefingern klang und mich rasend machte.

An diesem Abend hatten sich aber nicht nur die Herren der Familie Kiska gegen mich verschworen. Mam begann zu schwärmen: „Dieser Junge aus deiner Schule – er muss in deine Parallelklasse gehen –, ist so was von erfolgreich. Ich habe durch Zufall seine Mutter beim Friseur kennengelernt. Wenn sie von seinen Siegen und Preisen erzählt, kann man wirklich ein bisschen neidisch werden."

Bomm! Ich fühlte mich wie ein großer Hängegong, auf den an diesem Abend jeder einmal dreschen durfte.

Der Junge, den Mam meinte, heißt Ivo. Er ist einer von der Sorte, die sich den Seitenscheitel mit dem Lineal zieht. Ivo ist der Liebling aller Lehrer, weil er in jedem Fach gut ist. Sie hatten ihm sogar verziehen, dass er letztes Jahr die halbe Zeit fehlte, um an Tanzturnieren teilzunehmen.

Natürlich geht's da nicht um Pop, Rap oder Hip-Hop, nein, sondern um Walzer und so. Wie bei den Promis im Fernsehen. Ivo tanzte also Walzer, Rumba, Cha-Cha-Cha und Putzi-Mutz. Putzi-Mutz ist natürlich kein echter Tanz, aber es klingt wie einer.

In der Schule geht Ivo immer, als hätte er einen Besen verschluckt. Eigentlich geht er nicht, sondern er schwebt. Normale Schritte kann er anscheinend gar nicht machen.

Seine Tanzpartnerin heißt Colette. Sie sieht aus

wie eine lebendige Barbiepuppe. Ihr Haar schimmert immer, als hätte sie eine Tonne Glanzspray draufgesprüht. Sie lächelt ununterbrochen so breit, dass man ihre hintersten Backenzähne sieht.

Mams Schwärmerei für Ivo war eindeutig zu viel. „Absolut ätzend dieses Gehopse", sagte ich so verächtlich, als würden Ivo und Colette dabei eine grüne Schleimspur hinterlassen. „Colette muss in dieses doofe Glitzerkleidchen hineingenäht werden, so eng ist es. Angeblich kann sie damit nicht mal aufs Klo gehen. Ihre Mutter muss ihr ein Töpfchen hinstellen."

Meine Brüder grinsten (Caesar) und lachten grunzend (Antonius). Um noch eins draufzusetzen, hob ich die Arme, als würde ich einen Tanzpartner halten, setzte so ein leidenschaftliches Gesicht auf wie die Liebhaber in alten Filmschinken und sang: „Um-tata, um-tata!“

Antonius prustete los und verteilte dabei sein halbes Essen auf dem Tisch. Gratuliere!

Caesar verschluckte sich und musste drei Gläser Cola nachspülen, bis er sich wieder beruhigt hatte. Ebenfalls Gratulation.

Gratulation ihr Guten! 2 x Gratulation!

Mam hörte endlich auf, von Ivos Tanzkünsten zu schwärmen. Paps ließ sich sogar zu einem „Unsere Krissi hat wirklich ein komisches Talent“ hinreißen.

Das war doch wenigstens etwas. Ich hatte komisches Talent abbekommen, weil Paps und Mam alle tollen Begabungen schon an die beiden Erstgeborenen verschwendet hatten.

Gemein war das. Ungerecht. Unfair. Protest!

Was sich an diesem Abend abgespielt hat, löste in mir eine Krise aus. Eine kleine Krise. Eigentlich eine mikroskopisch kleine Krise verglichen mit der, die noch kommen sollte.

Au Schwarte!

Nicht weitersagen: unsere geheimsten Geheimnisse

Thomas Brezina

Der Schönheits-Zauber

Band 3

Spieglein, Spieglein an der Wand ... Ein Fotograf sucht nach dem Supergirl für ein Werbeplakat. Krissi, Bix und Vanessa sehen sich schon als Star. Zuvor müssen sie nur noch ein paar „Problemzonen" wie Pickel und Speckröllchen beseitigen. Doch hätten sie mal besser nicht diesen Schönheits-Zauber ausprobiert ...

ISBN 978-3-473-**47428**-8

Nicht weitersagen: unsere geheimsten Geheimnisse

Thomas Brezina

Brillenschlange und Zahnspangenziege

Band 13

Krissi, Bix und Vanessa können die Ankunft der neuen Austauschschüler kaum erwarten. Die Jungs auf den Fotos sehen nämlich absolut süß aus. Dumm nur, dass Vanessas Schwestern nerven, Krissi neuerdings eine Brille tragen muss und Bix eine hässliche Zahnspange! Aua!

ISBN 978-3-473-**47429**-5

HC_08_040

www.ravensburger.de

Nicht weitersagen: unsere geheimsten Geheimnisse

Thomas Brezina

Mädchen vor, noch ein Tor!

Band 23

Wetten, dass Mädchen besser Fußball spielen als Jungs? Krissi, Bix und Vanessa stellen ein Mädchenteam zusammen, um es den arroganten Affen mal so richtig zu zeigen. Doch mit einer verwandelten Kröte als Trainerin und einem sprechenden Ball haben sie nicht gerechnet ...

ISBN 978-3-473-**47431**-8